Caminhos para a gestão compartilhada da educação escolar

SÉRIE PROCESSOS EDUCACIONAIS

Marcia Cristina de Oliveira

Caminhos para a gestão compartilhada da educação escolar

EDITORA intersaberes

Av. Vicente Machado, 317 • 14° andar
Centro • CEP 80420-010 • Curitiba • PR • Brasil
Fone: [41] 2103-7306
www.editoraintersaberes.com.br
editora@editoraintersaberes.com.br

Conselho editorial	Dr. Ivo José Both (presidente)
	Drª Elena Godoy
	Dr. Nelson Luís Dias
	Dr. Ulf Gregor Baranow
Editor-chefe	Lindsay Azambuja
Editor-assistente	Ariadne Nunes Wenger
Editor de arte	Raphael Bernadelli
Preparação de originais	Tiago Krelling Marinaska
Capa	Stefany Conduta Wrublevski
Ilustração	Marcelo Lopes – Estúdio Leite Quente
Projeto gráfico	Frederico Santos Burlamaqui

Dados Internacionais de Catalogação na Publicação (CIP)
(Câmara Brasileira do Livro, SP, Brasil)

Oliveira, Marcia Cristina de
   Caminhos para a gestão compartilhada da educação escolar / Marcia Cristina de Oliveira. – Curitiba: InterSaberes, 2012. (Série Processos Educacionais).

   Bibliografia.
   ISBN 978-85-8212-286-0

   1. Ambiente escolar 2. Educação 3. Escolas – Administração e organização 4. Escolas públicas 5. Pedagogia 6. Sociologia educacional I. Título. II. Série.

12-09158   CDD-370

Índices para catálogo sistemático:
1. Educação escolar 370

1ª edição, 2012.

Foi feito o depósito legal.
Informamos que é de inteira responsabilidade da autora a emissão de conceitos.
Nenhuma parte desta publicação poderá ser reproduzida
por qualquer meio ou forma sem a prévia autorização da Editora InterSaberes.
A violação dos direitos autorais é crime estabelecido
na Lei nº 9.610/1998 e punido pelo art. 184 do Código Penal.

EDITORA AFILIADA

Sumário

Apresentação, 7

Introdução, 9

1 Cenários educativos em transformação, 13
1.1 Transformações do nosso tempo, 15
1.2 Transformações na educação, 18
1.3 Transformações na escola, 20

2 Adotando referenciais como ponto de partida e eixo de propostas educativas, 29
2.1 Princípios organizacionais da educação escolar, 31
2.2 Principais marcos legais da educação brasileira, 37

3 Propostas inovadoras: a necessária articulação entre o político e o pedagógico, 47
3.1 Planos no âmbito dos sistemas de educação, 49
3.2 Os projetos no âmbito da unidade escolar: projeto político-pedagógico (PPP), 56
3.3 A reinvenção do trabalho docente, 66
3.4 O projeto como princípio educativo, 69

Considerações finais, 81

Apêndices, 83

Referências, 87

Sobre a autora, 93

Apresentação

Este material aborda a temática da construção e implementação de projetos pedagógicos no âmbito dos espaços educativos, adotando como marco referencial as mudanças mais representativas ocorridas em cenários cujas repercussões afetam diretamente a dinâmica educacional: a sociedade, a cultura, a política, entre outros. Nesse sentido, pretendemos relacionar essas mudanças às demandas e aos desafios que se colocam hoje para a educação escolar, bem como às propostas inovadoras (conceitos, valores, atitudes e procedimentos) capazes de ressignificar a escola, as relações e as aprendizagens sob uma perspectiva libertadora e sustentável.

O primeiro capítulo desenvolve a temática das mudanças sociais, políticas e culturais, tomando-se por pressuposto que são essas transformações que vêm demandando da educação escolar a renovação de seu papel social. Não são poucas as mudanças. Desde a segunda metade do século XX, a sociedade vive uma verdadeira transformação pautada, por um lado, pelo grande avanço tecnológico e pelo advento da globalização e, por outro, pela crescente conscientização no campo dos direitos humanos e da cidadania. Entender essa dinâmica é o ponto de partida para repensarmos a função social da escola pública e, consequentemente, assumirmos uma nova compreensão de sujeito, de mundo, de sociedade e de educação.

O segundo capítulo traz a temática dos desafios oriundos das mudanças sociais que atingem o coração da educação e da escola. Uma vez ressignificado o papel social dessa instituição, como podemos implementar novas dinâmicas, promovendo aprendizagens mais significativas, assim como valores e atitudes mais sustentáveis? Este material defende a ideia de que a participação de todos os segmentos envolvidos no processo educativo e a constituição de ambientes inclusivos e democráticos são os princípios fundadores para a concretização de uma educação pública comprometida com a justiça social e a sustentabilidade ambiental.

Por fim, o terceiro capítulo discorre sobre as experiências no campo do planejamento e da proposição de planos e projetos que materializem propostas e políticas públicas capazes de consolidar novas realidades, novas culturas e novos saberes coerentes com as mudanças do nosso tempo. Nesse sentido, o que temos construído ao longo dos últimos 30 anos, seja na esfera da gestão pública da educação, seja na esfera da gestão da escola, são experiências relevantes que têm alcançado crescente credibilidade na perspectiva de que não somente a escola, mas tudo aquilo que diz respeito ao bem comum deve ser pensado, planejado, implementado e avaliado coletivamente, proporcionando assim a experiência única da criação e da (co)responsabilidade diante do que diz respeito a cada um e a todos ao mesmo tempo.

Introdução

Existe um acordo cada vez mais amplo sobre o fato de que, com as mudanças sociais, políticas, culturais e demográficas associadas à chamada sociedade da informação, estamos assistindo atualmente a uma transformação sem precedentes da educação escolar. Essa transformação já está afetando visivelmente o quando, o como, o onde e também o quê e o para quê as crianças e os jovens aprendem nas escolas [sic]. Nesse novo cenário, parece cada vez mais evidente a necessidade de incorporar ao currículo escolar novos conhecimentos, novas destrezas e habilidades, novos valores, novas competências. (Coll, 2006, p. 1)

São muitos os desafios a serem enfrentados e superados por nós, educadores, nos ambientes educativos nos quais atuamos, seja como profissionais, seja como entes de uma comunidade participativa. É impossível, do ponto de vista crítico progressista, não nos atentarmos para os limites teóricos e práticos dos modelos de formação e de gestão ainda em voga nos espaços educacionais brasileiros. Há muito a educação escolar não corresponde às demandas sociais, às expectativas das famílias, aos

> Para professores e familiares, a escola deveria ser mais rígida, enquanto, para educandos e especialistas, deveria haver mais flexibilidade no ambiente educacional. Para os professores, os alunos são indisciplinados; para estes, a escola é desinteressante. Para a escola, a família não se interessa pelo estudo dos filhos; para a família e para a comunidade, a escola é fechada. Muitos reclamam que a escola não muda; a escola, por sua vez, queixa-se da quantidade de demandas, eventos, enfim, mudanças...

anseios pessoais das crianças, dos adolescentes, dos jovens e dos adultos. No debate sobre a educação escolar, todos têm algo a dizer, e sempre parece faltar alguma coisa.

Esse cenário tem mobilizado e demandado a reflexão e a implementação de novas propostas na esfera da educação escolar pública. A percepção a respeito de tal necessidade não é recente no Brasil. Desde as décadas iniciais do século XX[1], a luta pelo direito a uma escola pública de qualidade para todos é pauta debatida e disputada por diferentes segmentos da sociedade.

> No balanço, o consenso surge em pelo menos uma questão: as aprendizagens obtidas no processo de escolarização estão aquém dos desejos, das possibilidades e das necessidades reais de todos os segmentos envolvidos (gestores, professores, famílias, comunidade e, principalmente, educandos).

Qual seria o diferencial que se apresenta nesta primeira década do século XXI? Que fatos ou índices demonstrariam efetivamente que finalmente superamos o eterno processo de debater sobre os problemas sem conseguir implementar mudanças significativas? Podemos dizer que os contextos político, social e cultural contam hoje com uma configuração ímpar, jamais alcançada antes na história da educação pública nacional. Conseguimos construir uma legislação pós-ditadura muito promissora no campo da garantia dos direitos humanos, entre eles, a educação. As mudanças culturais também têm agregado novos debates e conteúdos que impactam diretamente no universo de saberes trabalhados no âmbito dos currículos escolares (diversidades, tecnologia, meio ambiente, ética, sexualidade, sensibilidades, entre outros). Por fim, a demanda pela qualificação da cidadania exerce um forte apelo ao direito e ao dever da participação responsável, ampliando os segmentos que atuam nos processos decisórios e avaliativos das políticas públicas.

---

1 Como exemplo dessa afirmação, temos na década de 1930 a origem do movimento da **Escola Nova**, que divulgou o *Manifesto da Escola Nova* defendendo a universalização da escola pública, laica e gratuita. Como signatários estavam os **pioneiros da educação pública de qualidade no Brasil**: Fernando Azevedo, Lourenço Filho, Anísio Teixeira, Cecília Meireles, entre outros.

Assim sendo, nunca foi tão promissor o tempo para o planejamento, a construção e a consolidação da mudança da cultura educacional. Criadas as condições para essa mudança, por onde caminhar, como materializar intenções tão antigas? São desenvolvidas e problematizadas nas próximas páginas algumas pistas sobre esses percursos, na expectativa de que cada educador, nos seus respectivos espaços de atuação, consiga mobilizar esse coletivo para recriar o legado construído por muitas mãos e histórias anteriores a nós e ao nosso tempo.

1 Cenários educativos em transformação

Pensar educação com base nas mudanças históricas e na mudança da escola é ponto crucial para a necessária contextualização dos diferentes desafios (administrativos, de recursos humanos, curriculares) que se colocam para o universo da educação pública escolar brasileira. Nesse processo, podemos perceber o quanto já se avançou nos contextos educativos, mas também o quanto é preciso ser realizado, principalmente no âmbito das políticas públicas.

1.1 Transformações do nosso tempo

A temática das mudanças do nosso tempo ganha centralidade em qualquer processo que pretenda analisar e entender as dinâmicas sociais que caracterizam a atualidade. Cada contexto está marcado pela condição da mudança, da transformação. O que nos caracterizava e nos orientava há pouco tempo já não nos serve como referência, e isso se dá praticamente em todos os âmbitos da nossa vida (privada ou pública): podemos considerar as relações familiares, trabalhistas, de amizade, comerciais, políticas, entre outras. Todas se configuram em permanente mudança: seja pelo avanço conquistado no campo da legislação e da cidadania; seja pela multiplicidade de conhecimentos a que temos acesso e que transformam a nossa forma de pensar e agir; seja pelo surgimento de uma nova consciência política e ambiental que nos faz optar por rela~~~~~~~~~~ciadas e sustentáveis ou, ainda, pelo inédito e acelera~~~~~~~~~~rumo ao universo das tecnologias da informação~~~~~~~~~~.

Vivemos uma verdadeira revolução cultural: nossos modos de pensar, agir, produzir e reproduzir a nossa existência e as nossas relações perderam seus referenciais mais caros, obrigando-nos a criar e recriar permanentemente, segundo cada evento, as referências mais adequadas e éticas que viabilizem a demanda apresentada. Confrontamo-nos permanentemente com paradoxos de todos os tipos. À grande capacidade de produção de bens materiais e de consumo contrapõem-se realidades de exclusão impensáveis: milhões de pessoas vivem abaixo da linha da miséria no mundo inteiro (não tendo acesso a saneamento básico, trabalho, educação, saúde, moradia etc.). Berman (1986, p. 16) nos chama a atenção para esse evento que ele denomina *modernidade*:

> O turbilhão da vida moderna tem sido alimentado por muitas fontes: grandes descobertas nas ciências físicas, com a mudança da nossa imagem do universo e do lugar que ocupamos nele; a industrialização da produção, que transforma conhecimento científico em tecnologia, cria novos ambientes humanos e destrói os antigos, acelera o próprio ritmo de vida [...]; sistemas de comunicação de massa, dinâmicos em seu desenvolvimento, que embrulham e amarram, no mesmo pacote, os mais variados indivíduos e sociedades; Estados nacionais cada vez mais poderosos, burocraticamente estruturados e geridos, que lutam com obstinação para expandir seu poder; [...] um mercado capitalista mundial, drasticamente flutuante, em permanente expansão. No século XX, os processos sociais que dão vida a esse turbilhão, mantendo-o num perpétuo estado de vir a ser, vêm a chamar-se "modernização".

À nossa "modernidade técnica", ainda não construímos a modernidade política e ética correspondente.

Economia, tecnologia, política, meio ambiente, sociedade e cultura são, sem sombra de dúvida, aspectos a serem considerados sempre em **articulação** uns com os outros, e não mais de maneira isolada, em **detrimento** uns dos outros. Estamos vivendo tempos de valorização de políticas integradas, de intersetorialidade[1], de sustentabilidade[2].

> Da lógica capitalista (de valorização do mercado, do privado e do individualismo), estamos transitando para lógicas mais solidárias (de valorização do social, do público e do coletivo). Nessa perspectiva se destaca a preocupação com a vida, com a sustentabilidade em todas as suas vertentes e com o meio ambiente. Em virtude disso, faz-se necessário avançarmos da condição de um mundo pautado pela desigualdade para um mundo organizado segundo padrões de justiça social.

Vislumbrar a vida nessa perspectiva mais plena (em contraposição às abordagens mais fragmentadas) exige uma nova compreensão e posicionamento no mundo por parte de cada um, além da capacidade de propor e implementar inovações em todas as esferas da sociedade das quais participamos. Implica, ainda, a capacidade de incorporarmos e vivermos as mudanças. Toda essa dinâmica social é muito nova e não acontece sem crises e sem conflitos, muito pelo contrário, essa mudança de concepção, de paradigma, é muito disputada politicamente, visto que envolve questões e decisões fundamentais sobre os objetivos, recursos, resultados e processos que organizam as sociedades em seus diferentes âmbitos.

---

1 "Corresponde a um grupo que se reúne sempre para discutir e propor a integração entre os segmentos da sociedade organizada. As reuniões ocorrem sempre na 'sede' de um dos participantes da intersetorialidade. Esse grupo tem discutido e encaminhado resoluções nas áreas de saúde, educação, assistência social, cultura, esporte, lazer, geração de emprego e renda, meio ambiente, entre outros, com o objetivo de melhorar a qualidade de vida das pessoas [...]" (Barão em foco, 2004).

2 "Conceito sistêmico, relacionado com a continuidade dos aspectos econômicos, sociais, culturais e ambientais da sociedade humana. Propõe-se a ser um meio de configurar a civilização e atividades humanas, de tal forma que a sociedade, os seus membros e as suas economias possam preencher as suas necessidades e expressar o seu maior potencial no presente, e ao mesmo tempo preservar a biodiversidade e os ecossistemas naturais, planejando e agindo de forma a atingir pró-eficiência na manutenção indefinida desses ideais. A sustentabilidade abrange vários níveis de organização, desde a vizinhança local até o planeta inteiro" (Rede da Sustentabilidade, 2011).

Um exemplo significativo relacionado ao que estamos tratando diz respeito à **reunião da Cúpula do Milênio**, promovida em 2000 pela Organização das Nações Unidas (ONU) em Nova Iorque: líderes de 191 nações oficializaram um pacto para melhorar a situação da população mundial até 2015, em termos de renda, educação, saúde, meio ambiente e gênero. Ao todo, foram definidos 8 **Objetivos de Desenvolvimento do Milênio**[3], que se desdobram em metas e indicadores (subsídios para a definição de ações, de monitoramento e de avaliação das políticas públicas. Essa iniciativa reforça a abordagem que considera a necessidade de inovar na proposição de ações voltadas à superação dos grandes problemas pelos quais a humanidade passa na atualidade. Também reforça a ideia de ação conjunta para esse enfrentamento, propondo a formação de redes locais/globais que respondam em diferentes níveis aos desafios mapeados. No âmbito da sociedade brasileira, os 8 Objetivos do Milênio foram chamados de 8 *Jeitos de Mudar o Mundo*. A ideia-força é a de que, juntos/articulados, podemos mudar a nossa comunidade, a nossa cidade, o nosso país. As ações devem acontecer prioritariamente nas áreas diagnosticadas como campos de grande desigualdade, mas de fundamental importância à garantia de uma vida digna.

1.2 Transformações na educação

Não há dúvida de que a educação exerce papel fundamental, organizativo e formativo em qualquer sociedade, não importando o modo como se constitui (formal ou informal), pois ela é uma expressão cultural sempre presente na história da humanidade.

---

3   Caso você queira se inteirar sobre as metas estabelecidas e os objetivos já alcançados pelos Objetivos de Desenvolvimento do Milênio, acesse o *site* do Programa das Nações Unidas para o Desenvolvimento (Pnud), por meio do seguinte *link*: <http://www.pnud.org.br/odm/index.php?lay=odmi&id=odmi>.

É por meio dos processos educativos que as civilizações constroem e perpetuam suas conquistas. Nesse sentido, educação se confunde com história, com cultura, com aprendizagem.

Nas sociedades capitalistas, a educação escolar sempre assumiu papel estratégico em diferentes âmbitos (econômico social, cultural, político), sendo, inclusive, considerada como privilégio de poucos. É comum encontrarmos ao longo da história diferentes formas de compreender a função da educação: formação das elites, formação de mão de obra, substituição ao cuidado da família, socialização, formação para a cidadania.

> Só recentemente (segunda metade do século XX), a concepção de educação como direito humano fundamental à vida passou a se consolidar, agregando aos debates e movimentos sociais a ideia de que é por meio da educação que os sujeitos transformam a si mesmos, à sua sociedade e à sua cultura; enfim, que é por intermédio da educação que os indivíduos se **humanizam**. Daí o consenso de que **todos** têm o direito de viver plenamente esses processos.

O *Relatório sobre a educação para o século XXI*[4] (1996), também conhecido como *Relatório Jacques Delors*, realiza uma análise abrangente sobre esse processo e seus desdobramentos, apontando para a importância de ressignificarmos a concepção vigente de educação, ora descrevendo experiências inovadoras nessa perspectiva, ora dando pistas para a proposição de uma mudança intencional. Segundo Delors (2001, p. 104):

> A educação ao longo de toda a vida não é um ideal longínquo, mas uma realidade que tende, cada vez mais, a inscrever-se nos fatos, no seio de uma paisagem educativa complexa, marcada por um conjunto de alterações que a tornam cada vez mais necessária. Para conseguir organizá-la é preciso deixar de considerar as diferentes formas de ensino e aprendizagem como independentes umas das outras e, de alguma maneira, sobrepostas ou concorrentes entre si, e procurar, pelo contrário, valorizar a complementaridade dos espaços e tempos da educação moderna.

---

4 Relatório sobre os desafios da educação no século XXI, elaborado por Jacques Delors a pedido da Unesco. Concluído em 1996, esse documento traz para o cenário educacional o conceito dos **quatro pilares da educação**, de modo a constituirmos um novo paradigma que valorize a vida e as pessoas de forma mais significativa.

Concebermos a educação como um direito humano a ser usufruído ao longo da vida significa ampliar a nossa concepção de educação, passando a entendê-la como um processo que corre não somente nos espaços escolares, mas em todos os âmbitos da sociedade. Significa compreender que estamos aprendendo sempre, em todas as situações e contextos de vivência.

Para os profissionais envolvidos com processos educativos formais, considerar a educação um direito inato significa enfrentar o desafio de articular novas possibilidades de aprendizagem e ampliar os diálogos em torno das diferentes demandas dos segmentos envolvidos. **Nesse contexto, a escola, como espaço privilegiado da instrução formal (independente do nível de atuação), é chamada a dar respostas criativas e coerentes com esse novo tempo.**

1.3 Transformações na escola

O mundo passa por mudanças a uma velocidade vertiginosa, e a escola não tem conseguido acompanhar esse movimento no mesmo ritmo. Como instituição legitimada para a oferta de educação formal, é nesse espaço que se dão todos os processos intencionais de promoção da formação e da transformação dos sujeitos segundo as suas culturas e demandas sociais. Para muitos, os processos de escolarização tendem a conformar os sujeitos; para outros, esse processo é potencialmente transformador. Na história da educação, esse debate tem sido uma constante. A verdade é que, dependendo da concepção de mundo, de homem, de educação e da compreensão de sua função social, a educação escolar pode assumir diferentes objetivos e exercer diferentes papéis sociais. Carbonell (2002, p. 16) sinaliza esse desafio:

> Não se pode olhar para trás em direção à escola ancorada no passado, que se limitava a ler, escrever, contar e receber passivamente um banho de cultura geral. A nova cidadania que é preciso formar exige, desde os primeiros anos da escolarização, outro tipo de conhecimento e uma participação mais ativa dos alunos no processo de aprendizagem. É preciso pensar na escola do presente-futuro e não do presente-passado, como fazem muitas pessoas que sentem tanto mais nostalgia do passado quanto maior é a magnitude da mudança que se propõe.

Este, portanto, é o maior desafio dos tempos atuais: promover a mudança das concepções que fundamentam a organização de todo o universo da educação pública escolar, na perspectiva da qualidade, da garantia de aprendizagens significativas, da inclusão e do reconhecimento do direito à diversidade.

Mudar a educação escolar na perspectiva apontada anteriormente implica a princípio assumirmos e explicitarmos suas concepções, que, por sua vez, devem ser coerentes com as intencionalidades deste novo tempo. Desejamos uma sociedade mais humana, mais igualitária, mais solidária e mais sustentável. Essa nova cultura requer um movimento que promova mais participação e criação de ambientes mais inclusivos. Novos conhecimentos e novas atitudes precisam fazer parte da dinâmica e do currículo, de modo que a escola passe a ser promotora e a fazer parte de uma rede educativa na qual todos aprendem e ensinam, segundo suas histórias, capacidades, competências e demandas. Assim sendo, o ambiente educativo se amplia, se fortalece e se enriquece, criando novas possibilidades em face dos desafios da atualidade.

Muitas são as estratégias que podem favorecer a transformação dos ambientes escolares:

- a organização e implementação de uma legislação que explicite os aspectos a serem garantidos (normatização da educação);
- a proposição e implementação de políticas públicas inclusivas (coerentes com as demandas e conquistas sociais);
- a proposição de currículos e materiais portadores de novos conhecimentos (coerentes aos novos paradigmas);
- a ressignificação do papel dos professores.

Em seu livro sobre experiências bem-sucedidas de democratização da gestão das escolas públicas nos Estados Unidos, Apple e Beane (1997, p. 17) listam alguns princípios que podem auxiliar a consolidar e a qualificar o processo de democratização e de participação no universo escolar:

1 – O livre fluxo das ideias, independentemente de sua popularidade, que permite às pessoas estarem tão bem informadas quanto possível.
2 – Fé na capacidade individual e coletiva de as pessoas criarem condições de resolver problemas.
3 – O uso da reflexão e da análise crítica para avaliar ideias, problemas e políticas.
4 – Preocupação com o bem-estar dos outros e com "o bem comum".
5 – Preocupação com a dignidade e os direitos dos indivíduos e com as minorias.
6 – A compreensão de que a democracia não é tanto um "ideal" a ser buscado, como um conjunto de valores "idealizados" que devemos viver e que devem regular nossa vida enquanto povo.
7 – A organização de instituições sociais para promover e ampliar o modo de vida democrático.

Assim pensado, cabe ao universo da educação não somente formar **para** a democracia, mas formar **na** democracia, projeto a ser construído por todos nós e cada um de nós.

Em coerência com esse novo paradigma, a Lei nº 9.394, de 20 de dezembro de 1996, conhecida como *Lei de Diretrizes e Bases da Educação Nacional* – LDBEN/1996 (Brasil, 1996), em seu art. 14, **define a gestão democrática como princípio e estratégia a ser adotada no âmbito dos sistemas públicos de ensino.** Podemos considerar, então, que já estamos exercitando a democratização da educação pela via da democratização da gestão das escolas públicas, pois as dinâmicas vivenciadas nos diferentes âmbitos da sociedade, relativas aos processos de consolidação de cenários mais democráticos, são as mesmas vividas por nós professores no âmbito da educação.

> No art. 13 da LDBEN/1996, a necessidade de que o docente assuma realmente novas funções e responsabilidades no ambiente educativo anuncia que é incumbência dos docentes, entre outras, também muito significativas e indicativas de uma mudança paradigmática, zelar pela aprendizagem dos alunos.

Esse cenário indica uma mudança radical no perfil esperado dos professores que atuam na educação regular: de professores "reprodutores" do conhecimento a professores participativos, criativos e propositivos; que sejam capazes de perceber as mudanças e as novas demandas de seu tempo; autônomos no seu fazer docente. Nesse sentido, a participação dos educadores na elaboração do projeto político-pedagógico da escola[5] precisa ser estimulada. Do ponto de vista cultural, essa é uma prática que precisa ganhar significado e relevância no universo da educação pública, dado que, em sua maioria, os profissionais da educação ainda estão por descobrir os ganhos coletivos que a mudança no sentido da participação e consolidação da democracia pode acarretar. Segundo Freire (2007, p. 28):

> O educador democrático não pode negar-se o dever de, na sua prática docente, reforçar a capacidade crítica do educando, sua curiosidade, sua insubmissão. Uma de suas tarefas primordiais é trabalhar com os educandos a rigorosidade metódica com que devem se "aproximar" dos objetos cognoscíveis. E esta rigorosidade metódica não tem nada que ver com o discurso "bancário" meramente transferido e do perfil do objeto ou conteúdo. É exatamente neste sentido que ensinar não se esgota no "tratamento" do objeto ou do conteúdo, superficialmente feito, mas se alonga à produção das condições em que aprender criticamente é possível. E essas condições implicam ou exigem a presença de educadores e de educandos criadores, instigadores, inquietos, rigorosamente curiosos, humildes e persistentes.

Esse "novo" perfil abordado por Freire não surge em um passe de mágica, pelo contrário, exige uma reformulação das propostas de formação inicial e continuada dos professores. Somente vivenciando novas experiências e novos conhecimentos é que se torna possível pensar que professores poderão criar ambientes de aprendizagem mais instigadores, que promovam nos educandos novas competências, valores e habilidades.

---

5   **Projeto político-pedagógico:** Processo e documento que explicita os contextos, as intencionalidades e as propostas que concretizam as aprendizagens desejadas e demandadas por uma comunidade educativa. Nos contextos inovadores, esse processo tem por eixo a democratização da participação, da informação e dos saberes, além de eleger princípios como a inclusão e a garantia da aprendizagem dos diferentes segmentos envolvidos.

Na década de 1990, as reflexões acerca da formação e do perfil do professor apareceram com destaque em várias discussões acadêmicas (Gatti, 1997; Brzezinski, 1999; Pimenta, 1996; Fusari, 1997; Freitas, 2002; Minto, 1998), tanto nos aspectos que envolviam a prática cotidiana como nos aspectos que buscavam pensar a formação profissional. Segundo Pimenta (1996, p. 76):

> No caso da educação escolar, constatamos no mundo contemporâneo que, ao crescimento quantitativo dos sistemas de ensino, não tem correspondido um resultado formativo (qualitativo) adequado às exigências da população envolvida e às exigências das demandas sociais. O que coloca a importância de definir a nova identidade profissional do professor. Qual professor se faz necessário para as necessidades formativas de uma escola que colabore para os processos emancipatórios da população? Que opere o ensino no sentido de incorporar as crianças e os jovens no processo civilizatório com seus avanços e seus problemas?

Portanto, parece-nos que o desafio de construção de um projeto de uma escola pública de qualidade[6] engloba necessariamente a revisão do papel e da formação do professorado que atua nesse contexto.

Também a comunidade vive a experiência de adentrar o universo da gestão escolar[7] de maneira tímida, quase envergonhada. A superação da relação assistencialista precisa ganhar força e transformar o imaginário das classes populares no que tange aos seus direitos, nesse caso, o direito à educação pública de qualidade. A esse respeito, Carbonell (2002, p. 98) analisa que a participação da comunidade na gestão dos ambientes educativos escolares deve ir além da participação de mães e pais:

> Por isso, reivindicam a participação dos professores e das famílias, não enquanto tais, mas enquanto cidadãos e cidadãs. Uma tese interessante que seria preciso desenvolver a partir das contribuições das

---

6   Entendida como aquilo que garante o acesso, a permanência e a aprendizagem dos educandos.

7   **Gestão escolar:** Entendida como o processo de organização, desenvolvimento e avaliação do projeto político-pedagógico em seus diferentes âmbitos: administrativo, financeiro, recursos humanos, político-pedagógico.

diversas práticas democráticas, e que nos lembra, de algum modo, que a escola pública não é do Estado, nem dos professores, nem dos pais, mas da comunidade. E que esta tem o direito de intervir no controle do serviço público de ensino. Neste contexto, é importante estabelecer formas cooperativas e de comunicação entre a escola e a comunidade para envolvê-la nos desafios democráticos da mudança e da inovação através de um amplo repertório de atividades de formação, voluntariado e colaboração com a escola.

Várias estratégias podem favorecer a participação tal como citada pelo autor: a criação de boletins informativos elaborados pelos educandos; a criação de uma rádio comunitária que perceba na escola o espaço de produção de informação, mas também de divulgação das demandas da comunidade; a promoção de eventos comunitários nos quais se debatam questões da comunidade e da escola.

> Como decorrência desses desafios, constata-se a necessidade de repensar a educação escolar no Brasil: sua função e seu significado para a sociedade. Isso implica considerar os diferentes aspectos que estruturam o processo de ensino e aprendizagem, tal como se encontra hoje, no sentido de pensar e propor mudanças que atribuam um novo sentido à escola pública brasileira.

Enfim, entendemos que esse longo e complexo processo de reorientação das práticas pedagógicas e da mudança nos ambiente escolares deva ocorrer sob a égide de uma proposta construída (debatida, sistematizada, implementada, avaliada) coletivamente, podendo, dessa forma, ganhar legitimidade política, relevância social e potencialidade transformadora.

Essa mudança é, em última análise, uma mudança cultural que envolve diferentes saberes, valores, visão de mundo; demanda tempo, negociação e ressignificação dos atuais paradigmas que orientam as práticas educativas. Diante disso, é fundamental que passemos da condição de problematizadores para a condição de propositores, realizadores e avaliadores dos nossos projetos.

Questões para reflexão

1. Observe a ilustração a seguir. Na informação transmitida por ela, o que mais lhe chama a atenção? Compartilhe com colegas as suas impressões e converse sobre os impactos que mudanças muito aceleradas podem causar nas vidas dos indivíduos.

Figura 1 – A gestão das inovações

Quando foram lançadas e quantos anos as seguintes invenções levaram para serem utilizadas por mais de 50 milhões de pessoas

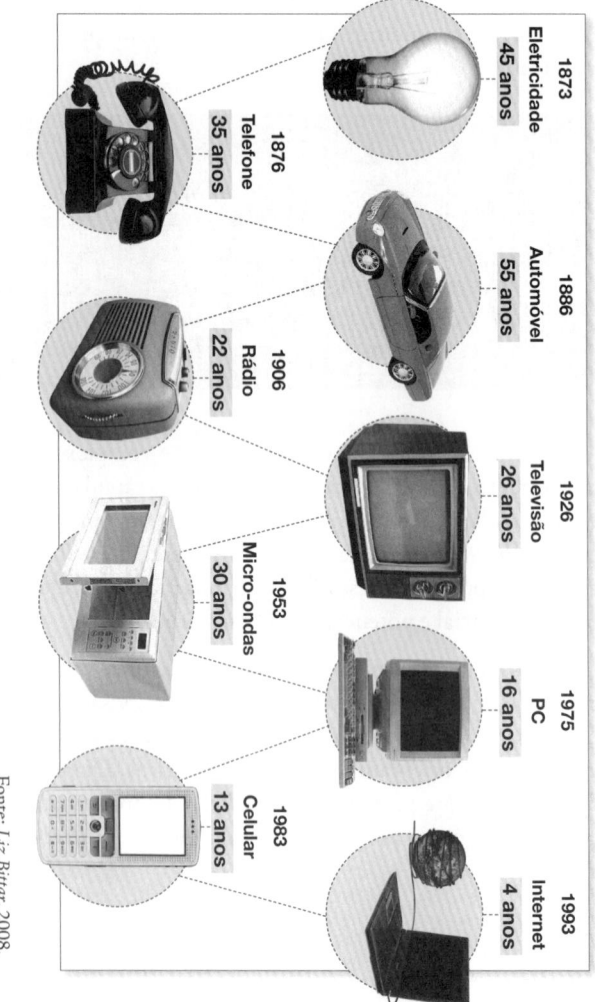

Fonte: Liz Bittar, 2008.
Fotografias: Clipart/Comstock/Ingimage

2. Converse com seus colegas sobre aquelas mudanças que você considera como as principais ocorridas em nossa sociedade nas últimas décadas. Converse com colegas sobre como essas mudanças têm promovido alterações na vida, nas relações, na forma de pensar, enfim, na cultura das pessoas. Reflita e avalie os benefícios que os avanços tecnológicos trazem para a sociedade. E a escola? Como pode se beneficiar dessa mudança, na perspectiva da democratização de educação pública de qualidade?

3. Em uma discussão em grupo, pondere com seus colegas sobre a importância de ações como a descrita anteriormente, para provocar uma mudança significativa do nosso mundo. Que outras iniciativas, na opinião do grupo, seriam necessárias para o alcance de transformações tão amplas?

Figura 2 – Os 8 objetivos de desenvolvimento do milênio

Fonte: *NÓS PODEMOS*, 2011.

4. Esses processos cada vez mais articulados de proposição e enfrentamento dos problemas detectados no âmbito das relações, do convívio social e de produção das condições de sobrevivência têm repercussão em grupos e instituições sociais. Quais as consequências dessas mudanças e seus respectivos desdobramentos para os contextos da educação escolar?

Para saber mais

Muitos filmes retratam a temática das transformações vividas pela humanidade ao longo do século XX. Combine uma sessão de cinema com colegas e veja como a denominada *sétima arte* pode favorecer a aprendizagem. Para completar a atividade, faça uma roda de conversa para debater as questões e as impressões despertadas pelos filmes a seguir indicados.

TEMPOS modernos. Direção: Charles Chaplin. Produção: Charles Chaplin. EUA: United Artists, 1936. 87 min.

Chaplin lança mão de situações reais do mundo em que vivemos para explicitar as contradições do regime capitalista, evidenciando a exploração da mão de obra do trabalhador e as condições subumanas impostas a essas pessoas em seus locais de trabalho. O filme tem por pano de fundo o período de recessão norte-americana, a Revolução Industrial, a crise do trabalho e a inserção da máquina nos processos produtivos. É um excelente filme para debatermos as transformações dos tempos: como atingem as nossas vidas e os nossos imaginários concretamente e quais são suas implicações culturais, econômicas e sociais. Podemos também estabelecer um paralelo com as transformações mais significativas do nosso século. Como viver em um mundo informatizado? Como lidar com tantas informações e produzir conhecimentos realmente relevantes? Como ser feliz em um tempo de mudança?

NÓS QUE aqui estamos por vós esperamos. Direção: Marcelo Masagão. Produção: Agência Observatório. Brasil: Riofilme, 1998. 73 min.

Releitura da *Era dos extremos*, obra de Eric Hobsbawm (1994), o filme percorre todo o século XX por meio de imagens marcantes dessa época. É uma viagem ímpar pelo olhar do diretor e pela sua interpretação das transformações vividas pelas gerações do seu tempo, com os conflitos, a naturalização da violência, a modernização e principalmente como tudo isso se refletiu no comportamento das pessoas. É um filme sobre a cultura humana, como se percebe, ou não, nas dinâmicas sociais, políticas, econômicas de seu tempo. Contextualiza e problematiza a modernização e para onde caminha a humanidade.

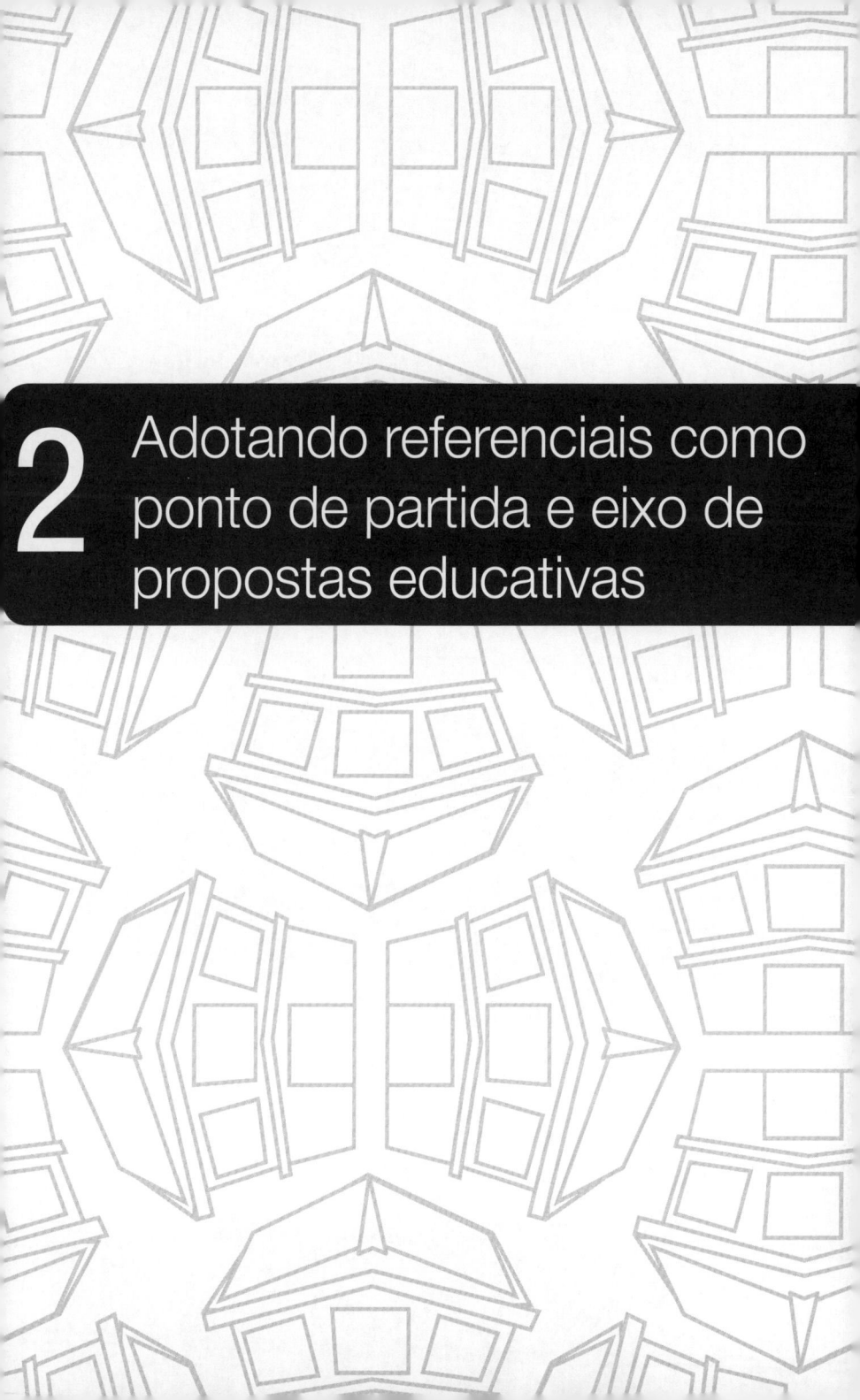

2 Adotando referenciais como ponto de partida e eixo de propostas educativas

O debate das transformações necessárias no campo da educação escolar não acontece no vazio. Na verdade, ele é fruto do acúmulo histórico de conquistas, tanto no campo das práticas pedagógicas como no campo da legislação. A mudança e a elaboração de propostas inovadoras devem não só considerar esse legado como agregar novos sentidos e possibilidades às realidades da educação nacional.

2.1 Princípios organizacionais da educação escolar

Listamos a seguir alguns desafios enfrentados hoje no ambiente da educação escolar pública, no sentido da promoção da participação e da criação de ambientes mais inclusivos. O Brasil já possui uma legislação e um conjunto de políticas públicas que apontam na direção dessa mudança, em consonância com os processos de redemocratização do país e com a Constituição Federal de 1988 (Brasil, 1988).

Sabemos que esse processo de mudança e de incorporação de novas políticas não se dá sem conflito e sem grande esforço por parte dos diferentes segmentos da comunidade escolar. São vários os aspectos que precisam ser contemplados, assim como as condições a serem garantidas para que as pessoas se envolvam e sejam capazes de propor e debater ideias e projetos. Podemos citar, por exemplo: a criação de espaços e tempos comuns para promover o diálogo, a criação de estratégias que sejam inteligíveis aos grupos envolvidos nos debates, a organização dos processos e o mapeamento das expectativas reais dos grupos relacionados com as discussões. Porém, é visível que muitas condições já estão criadas ou estão em processo no cotidiano escolar.

É importante destacarmos que tais desafios (e debates) estão relacionados principalmente aos espaços da gestão pública, nesse caso, mais especificamente aos sistemas públicos de ensino, às políticas públicas de educação e às escolas públicas. Ainda que tais princípios devam reger, do ponto de vista ético, nossas relações e ideais de vida em sociedade, temos a clareza de que o campo privilegiado da ação intencional e promoção dessas mudanças são os espaços públicos.

Vejamos um pouco mais dessa história que tem por referência grandes princípios expressos em documentos oficiais em nossa legislação nacional.

Democratizar os processos decisórios no interior do ambiente escolar

Construir um país democrático tem sido um enorme desafio para a sociedade brasileira. Nossa história de constituição política e social é marcada primordialmente pela existência de regimes autoritários e por uma profunda desigualdade que até hoje exclui milhões de brasileiros do acesso aos bens social e culturalmente produzidos. Nossa democracia recente (materializada com o fim da ditadura em 1985 e com a promulgação da Constituição Federal de 1988) traz em seu bojo a crença e o ideal da consolidação de processos mais participativos, transparentes e comprometidos com a justiça social. Instituir uma nova cultura democrática implica promover e garantir o exercício democrático em todos os âmbitos da sociedade.

Nessa perspectiva, a democracia e o exercício da cidadania transcendem os processos eleitorais e passam a ser determinantes de todas as relações que envolvem os indivíduos, a sociedade civil e o Estado naquilo que diz respeito ao bem comum.

No campo das práticas democráticas, o que se almeja é avançar do modelo de democracia de baixa intensidade (caracterizado por mecanismos de representação) para o modelo de alta intensidade, cuja tônica busca articular mecanismos de representação e participação, procedimento que tende a potencializar a qualificação da democracia naquilo que diz respeito não somente à representatividade, mas também à diversidade e à transparência dos governos e da gestão das políticas públicas.

Garantir a participação na gestão dos espaços e processos educativos

A participação nessa perspectiva é mais que estratégia: é atitude que expressa compromisso e mobilização. Assim sendo, a participação de todos agrega aos espaços públicos, nesse caso, às unidades escolares, a dinâmica dos debates, das diferentes realidades, assim como as demandas dos diferentes segmentos da população. Essa é a realidade a ser vivida, elaborada e pronunciada nos tempos atuais.

> Podemos e devemos nos voltar para algumas experiências em curso no país: experiências de criação e consolidação de espaços públicos alternativos, nos quais é real/concreto pensar e fazer política na perspectiva da qualidade e da diversidade, mesmo em cenários nos quais a convivência com padrões de autoritarismo, clientelismo e violência é a tônica da política e do convívio social. Diante dessa possibilidade, podemos acreditar que não estamos nos preparando para viver a democracia, mas construindo a democracia por meio da vivência democrática.

Ainda temos muito que avançar nessa empreitada; muito está em curso, de maneira inovadora, contextualizada. Cenários em que o valor da argumentação e da diversidade das experiências de vida ganham destaque e passam a ser referência para a construção de realidades socialmente mais democráticas, mas, também, mais justas e mais solidárias.

A Constituição Federal de 1988 formalizou, no campo da lei, a **demanda por formas qualitativas de participação da sociedade civil nos processos de proposição, implantação e acompanhamento das políticas públicas.** Inúmeros dispositivos e espaços de participação foram criados (fóruns, conferências, audiências públicas, conselhos de políticas públicas, entre outros), tendo a legislação como um dos aportes para a estruturação de grupos de trabalho e rotinas voltadas a processos participativos e de gestão compartilhada.

Valorizar as diversidades

O movimento pelo direito à diversidade se consolidou ao longo das últimas décadas do século XX, sendo uma bandeira de luta de todos os segmentos considerados minoritários e que vivem em condições de exclusão (cultural, econômica e social). Sabemos que as políticas públicas, tal como foram pensadas e implantadas, tendem a contemplar "a maioria". Também as condições socioculturais tendem a "dialogar" com aquilo que está constituído, criando um quadro de normalização que literalmente "apaga" as diferenças dos indivíduos e considera a todos como iguais.

> Nesse contexto, a temática da identidade e do direito à diferença é central. Questões de gênero, sexualidade, raça e etnia, geração, "deficiências" físicas e mentais, religião, enfim, de tudo aquilo que possa diferenciar os sujeitos e que diz respeito às suas identidades, passam a ser foco de atenção e, portanto, a fundamentar a proposição e implementação de leis e de políticas públicas.[1]

Esse processo depende amplamente da capacidade dos sujeitos e dos movimentos sociais de apresentar pautas críticas, bem como de acompanhar tais debates. Daí democracia e

---

1 Podemos citar, por exemplo, a elaboração do Plano Nacional dos Direitos Humanos (Brasil, 2010b), o Plano Nacional de Políticas para as Mulheres (Brasil, 2008) e o Plano Nacional de Políticas para a Promoção da Igualdade Racial (Brasil, 2009), todas políticas pensadas e gestadas ao longo dos mandatos de 2003-2006 e de 2007-2010 do presidente Luis Inácio Lula da Silva.

participação estarem tão relacionados ao perfil progressista e inovador que as sociedades e as comunidades estão adquirindo na atualidade.

Promover a inclusão e garantir o acesso aos bens socialmente construídos

Reconhecer as diferenças é passo importante, mas não suficiente para a consolidação da democracia e da justiça social. É necessário que as pessoas possam vivenciar plenamente os benefícios disponibilizados pelo patrimônio social, cultural e político. Daí a necessidade de, além de se criar uma legislação que promova a inclusão, reconhecendo o direito de todos a esses benefícios, conceber políticas públicas que garantam a materialidade do preconizado pela lei. É preciso promover a mudança no âmbito dos valores, das atitudes e dos procedimentos quando se aborda a temática da inclusão, pois, de outra forma, corre-se o risco de promover a mudança somente dos discursos, mantendo as exclusões, só que com outra roupagem.

A permanente mobilização dos movimentos sociais e da sociedade civil tem conseguido manter esse debate vivo, acompanhando as mudanças, que são muito lentas, dado o caráter cultural elitista e excludente da nossa sociedade.

Articular esforços e ações

As mudanças aceleradas geralmente criam demandas novas às instituições, que, via de regra, têm dificuldade de acompanhá-las e/ou de atendê-las em virtude do caráter de suas finalidades definidas quando de sua fundação. Realmente, mudar processos, objetivos, fluxos e relações implica (re)elaborarmos propostas, prevermos recursos, enfim, transformarmos dinâmicas institucionais em médio e longo prazos. Mesmo realizando tais transformações, já não se pensa mais que uma única instituição ou ação consiga contemplar as diversas demandas apresentadas pelas comunidades e/ou grupos. Por exemplo: nos dias atuais, uma nova abordagem que contrapõe a ideia de uma atuação pontual, isolada, é aquela que propõe o desenvolvimento de redes e processos cada vez mais articulados – redes de conhecimento, redes de proteção social, redes culturais, sempre fortalecendo e ampliando as oportunidades para os cidadãos. Garantir a materialidade dos princípios anteriormente desenvolvidos requer a organização de processos que promovam as mudanças anunciadas, tais como os expostos a seguir.

Planejar as intencionalidades pedagógicas

Essa iniciativa implica desenvolver com competência planejamentos que explicitem as intencionalidades e avaliem as conquistas e os desafios de um processo formativo. Ao discutir sobre a função do planejamento na esfera da educação, Bordignon (2009, p. 91-92) afirma que:

> O planejamento é inerente a toda atividade humana, seja individual ou coletiva, essencial à gestão pública para a promoção da melhoria da qualidade de vida. Assim, planejar requer duas atitudes essenciais: ter objetivos e definir ações para alcançá-los. Objetivos sem ações constituem mero discurso diletante e ações sem objetivos se convertem em rotinas desprovidas de significado. Os objetivos se fundamentam em princípios e intencionalidades e indicam as ações presentes no caminhar rumo ao futuro. As ações requerem a definição do como e com o que caminhar nessa direção. [...] Na gestão pública atual, quando são frequentes as críticas à improvisação e às ações episódicas, de caráter emergencial ou rotineiro, é necessário refletir sobre a realidade, ter objetivos, não improvisar a ação. Refletir com visão de totalidade, sistêmica e não de forma fragmentada, com visão parcial da realidade, o que levaria a objetivos também parciais.

São muitas e variadas as estratégias e modalidades de planejamento que estão em voga nos dias atuais, indicando que uma nova cultura de organização está sendo implantada, principalmente no âmbito das relações Estado-sociedade civil. Somente por meio de um planejamento compartilhado poderemos negociar, contemplar e acompanhar o desenvolvimento de políticas públicas que atendam às necessidades mapeadas no coletivo.

Registrar, documentar e sistematizar

É imprescindível que todos esses processos que envolvem as conquistas e as aprendizagens que estão acontecendo ao longo da nossa história sejam registrados, documentados e sistematizados. Isso é história, é memória. Dessa forma, podemos acompanhar os percursos, recuperar os erros e os acertos, escrever e (re)escrever nossas propostas. Podemos também avaliar e rever nossas experiências e intenções pedagógicas (objetivos) explicitadas no início do percurso.

As práticas de registro são aspectos que devem ser cuidados e contemplados quando da mudança para paradigmas mais inclusivos e compartilhados. O acesso à leitura e à escrita e a suas práticas de uso social também caracteriza um dos aspectos a serem contemplados nos contextos inclusivos. Outra questão a ser considerada é que materiais documentados permitem que as propostas alcancem um público maior, para além do espaço/tempo em que são criadas/implementadas. Nessa perspectiva, ganha força e sentido o compartilhamento local-global, agregando qualidade às experiências e às políticas.

2.2 Principais marcos legais da educação brasileira

No âmbito da educação, pensada como política pública, a constituição de um novo marco legal significa a busca pela constituição de espaços mais democráticos, inclusivos, de compromissos e responsabilidades mais bem compartilhados. Vejamos o que a nossa legislação mais atual define sobre essa temática.

A Constituição Federal de 1988

A elaboração da Constituição Federal de 1988 reuniu muitas das demandas por um país mais democrático e menos desigual. Naquele momento, o país começava a concretizar no campo oficial a ruptura com as heranças deixadas pela ditadura militar, fato que na vida real já vinha ocorrendo há cerca de uma década. Apesar de todas as disputas e frustrações ocorridas no processo constituinte, foi a partir desse marco que o país passou a reelaborar no campo político um novo perfil para a sociedade brasileira.

Na esfera da educação, a Carta Magna de 1988 (Capítulo III – Da educação, da cultura e do desporto, Seção I – Da educação) aponta, nos arts. 205 ao 214, para esses novos contornos; neles aparecem expressos os princípios, os direitos, os deveres e as responsabilidades que deveriam ser política e socialmente compartilhados a partir de então. Em síntese, a lei preconiza:

- a educação como direito de todos e responsabilidade do Estado e da família;
- o acesso ao ensino público gratuito reconhecido como direito subjetivo;
- o ensino ministrado com base nos princípios de igualdade de condições de acesso e permanência;
- a liberdade e pluralismo de ideias;
- a gratuidade do ensino público;
- a valorização dos profissionais da educação;
- a gestão democrática do ensino público e garantia dos padrões de qualidade;
- a vinculação de verbas para o financiamento do ensino público na ordem de 18% para o Governo Federal e 25% para os governos estaduais e municipais;
- a responsabilidade da União no estabelecimento das diretrizes e bases da educação nacional (art. 22, XXIV);
- a elaboração do Plano Nacional de Educação, visando, entre outras metas, à erradicação do analfabetismo, à universalização do atendimento escolar e à melhoria da qualidade do ensino.

Dois artigos merecem destaque, por tratarem especificamente da temática deste livro. O art. 206, ao listar os princípios que devem orientar o ensino, reafirma a ideia de igualdade, da diversidade e da gestão democrática (Brasil, 1988):

> Art. 206. O ensino será ministrado com base nos seguintes princípios:
> I – igualdade de condições para o acesso e permanência na escola;
> [...]
> III – pluralismo de ideias e de concepções pedagógicas e coexistência de instituições públicas e privadas de ensino;
> [...]
> VI – gestão democrática do ensino público, na forma da lei;
> [...]

Já o art. 214 prevê a elaboração do Plano Nacional da Educação, com vistas ao enfrentamento dos desafios da realidade educacional brasileira:

> Art. 214. A lei estabelecerá o plano nacional de educação, de duração decenal, com o objetivo de articular o sistema nacional de educação em regime de colaboração e definir diretrizes, objetivos, metas e estratégias de implementação para assegurar a manutenção e desenvolvimento do ensino em seus diversos níveis, etapas e modalidades por meio de ações integradas dos poderes públicos das diferentes esferas federativas que conduzam a:
> I – erradicação do analfabetismo;
> II – universalização do atendimento escolar;
> III – melhoria da qualidade do ensino;
> IV – formação para o trabalho;
> V – promoção humanística, científica e tecnológica do país;
> VI – estabelecimento de meta de aplicação de recursos públicos em educação como proporção do produto interno bruto.

A Lei de Diretrizes e Bases da Educação Nacional – LDBEN

A Lei nº 9.394, de 20 de dezembro de 1996, conhecida como *Lei de Diretrizes e Bases da Educação Nacional* – LDBEN (Brasil, 1996), organizada em 92 artigos, estabelece as diretrizes e bases da educação nacional e reafirma os princípios desta, desdobrando e detalhando o preconizado pela Constituição de 1988.

A LDBEN/1996 foi muito aguardada pelo conjunto da sociedade que via/vê no campo educacional um espaço potencial de concretização de interesses coletivos, estejam estes voltados para a esfera da consolidação da cidadania e construção de uma sociedade mais igualitária, estejam voltados para interesses privatistas.

A trajetória de oito anos de elaboração do texto legal foi conturbada, disputada[1] e gerou muita frustração[2] nos diferentes grupos[3] que há muito vinham trabalhando na perspectiva de uma sociedade cidadã. Se, por um lado, a lei perdeu parte de sua legitimidade por não representar as demandas de uma sociedade que se organizou e tem tentado ser participativa naquilo que diz respeito aos destinos do país, também é verdade que atingimos um nível de eficiência legal ao menos possível para o momento histórico. Em relação a esse aspecto, indica Saviani (2001) que, para enfrentar tal situação, é necessário o que ele chama de *resistência ativa*, que transcende a atitude da crítica individual e da denúncia pontual. Nas palavras do autor (2001, p. 235-236),

> Nesse novo contexto, a resistência passiva termina por resultar inútil. Daí a necessidade de se passar à resistência ativa. Esta implica pelo menos duas condições: a primeira se refere à forma, isto é, a exigência de que a resistência se manifeste não apenas individualmente, mas através de organizações coletivas, galvanizando fortemente aqueles que são, de algum modo, atingidos pelas medidas anunciadas; a segunda diz respeito ao conteúdo, envolvendo, portanto, a formulação de alternativas às medidas propostas, sem o que será difícil conseguir a mobilização.

---

[1] Brzezinski (1997, p. 10), ao descrever a trajetória da LDBEN no Congresso Nacional, cita Florestan Fernandes, que caracterizou o texto original como sendo fruto de uma "conciliação aberta", em oposição ao texto final, fruto de uma "conciliação oculta".

[2] O texto do primeiro projeto de LDBEN apresentado à Câmara dos Deputados, em dezembro de 1988, pelo Deputado Octávio Elísio, após trâmite pela Câmara dos Deputados e pelo Senado, foi trocado pelo Substitutivo Darcy Ribeiro em 25 de outubro de 1995, desconsiderando, assim, toda a discussão ocorrida até então, sob alegação de que o texto original seria por demais detalhista e engessante do sistema.

[3] Associações de classe, sindicatos e sociedade civil.

O relativo impasse em que desembocou o encaminhamento da nova LDB tem a ver com a prevalência da resistência passiva. A mobilização anterior se arrefeceu e a capacidade de resistência foi quebrada pela adoção da estratégia de reformas pontuais. A falta de alternativas a essa forma de encaminhamento da política educacional, assim como ao seu conteúdo, tem imobilizado as chamadas "esquerdas".

Diante de tal cenário e diagnóstico é que a sociedade organizada continua sendo desafiada a dar continuidade ao projeto de redemocratização do país e de construção de um sistema público de ensino de qualidade para todos os cidadãos brasileiros.

Vários artigos tratam da gestão democrática, da gestão das escolas e da elaboração de planos de educação nos diferentes níveis da administração pública: federal, estadual e municipal. Vejamos então alguns destaques que a lei anuncia em termos de mudança e inovação.

O art. 8º da LDBEN/1996, ao abordar as competências das diferentes esferas de governo, determina que:

> Art. 8º. A União, os Estados, o Distrito Federal e os Municípios organizarão, em regime de colaboração, os respectivos sistemas de ensino.
> § 1º Caberá à União a coordenação da política nacional de educação, articulando os diferentes níveis e sistemas e exercendo função normativa, redistributiva e supletiva em relação às demais instâncias educacionais.
> § 2º Os sistemas de ensino terão liberdade de organização nos termos desta Lei.

O art. 9º define, para a esfera federal, a responsabilidade da elaboração do Plano Nacional de Educação. Os artigos subsequentes (10 e 11) tratam da mesma questão, mas considerando as esferas estaduais e municipais (Brasil, 1996):

> Art. 9º. A União incumbir-se-á de:
> I – elaborar o Plano Nacional de Educação, em colaboração com os Estados, o Distrito Federal e os Municípios;
> [...]

O art. 12 discorre sobre as atribuições dos estabelecimentos de ensino. Nesse artigo, fica evidente a vocação da lei na promoção de novas dinâmicas participativas nos ambientes escolares:

> Art. 12. Os estabelecimentos de ensino, respeitadas as normas comuns e as do seu sistema de ensino, terão a incumbência de:
> I – elaborar e executar sua proposta pedagógica;
> [...]
> IV – velar pelo cumprimento do plano de trabalho de cada docente;
> [...]
> VI – articular-se com as famílias e a comunidade, criando processos de integração da sociedade com a escola;
> VII – informar pai e mãe, conviventes ou não com seus filhos, e, se for o caso, os responsáveis legais, sobre a frequência e rendimento dos alunos, bem como sobre a execução da proposta pedagógica da escola;
> [...]

O art. 13, ainda na linha das atribuições, traduz de forma nova a função dos docentes na dinâmica que se pretende para a escola na atualidade. É muito importante atentar para o fato de que é nesse artigo que a lei anuncia e renova a intencionalidade de se configurar um novo perfil para a docência, apontando claramente suas funções dentro do ambiente escolar. Como já visto anteriormente, as implicações desse processo são enormes, mas extremamente coerentes com as demandas da inovação:

> Art. 13. Os docentes incumbir-se-ão de:
> I – participar da elaboração da proposta pedagógica do estabelecimento de ensino;
> II – elaborar e cumprir plano de trabalho, segundo a proposta pedagógica do estabelecimento de ensino;
> III – zelar pela aprendizagem dos alunos;
> IV – estabelecer estratégias de recuperação para os alunos de menor rendimento;
> V – ministrar os dias letivos e horas-aula estabelecidos, além de participar integralmente dos períodos dedicados ao planejamento, à avaliação e ao desenvolvimento profissional;
> VI – colaborar com as atividades de articulação da escola com as famílias e a comunidade.

O art. 14 retoma a diretriz da gestão democrática conforme as especificidades das realidades locais:

Art. 14. Os sistemas de ensino definirão as normas da gestão democrática do ensino público na educação básica, de acordo com as suas peculiaridades e conforme os seguintes princípios:
I – participação dos profissionais da educação na elaboração do projeto pedagógico da escola;
II – participação das comunidades escolar e local em conselhos escolares ou equivalentes.

O art. 15 reafirma o objetivo maior da gestão pública, que é a constituição da autonomia dos espaços escolares:

Art. 15. Os sistemas de ensino assegurarão às unidades escolares públicas de educação básica que os integram progressivos graus de autonomia pedagógica e administrativa e de gestão financeira, observadas as normas gerais de direito financeiro público.

Por fim, no art. 87 (Título X – Das disposições transitórias), a lei retoma o desafio da construção do Plano Nacional de Educação e seu objetivo:

[...]
§ 1º A União, no prazo de um ano, a partir da publicação desta Lei, encaminhará, ao Congresso Nacional, o Plano Nacional de Educação, com diretrizes e metas para os dez anos seguintes, em sintonia com a Declaração Mundial sobre Educação para Todos.[4]

Vale sempre destacarmos que a lei, por si só, não garante as mudanças, mas esta é sem dúvida uma excelente impulsionadora e reguladora dos processos que demandam transformações de cunho cultural. Aliadas à legislação, é de extrema importância que as políticas públicas reflitam as propostas e as intenções expressas pelo conjunto dos marcos legais.

---

4   Documento aprovado pela Conferência Mundial sobre Educação para Todos: Satisfação das Necessidades Básicas de Aprendizagem Jomtien, Tailândia, 5 a 9 de março de 1990. De abordagem inclusiva, postula um novo paradigma: a centralidade na aprendizagem, a educação como um processo que se dá para além dos espaços escolares, a compreensão de que os processos educativos se dão ao longo de toda a vida e o direito de todos à educação. Se você desejar ler o texto integral dessa declaração, acesse o seguinte link: <http://www.acaoeducativa.org.br/downloads/Declaracao_Jomtien.pdf>.

UMA PROPOSTA EXEMPLAR!

Ampliar a participação no âmbito dos sistemas e das escolas tem sido um grande objetivo no longo caminho em direção à construção de uma escola pública de qualidade. Esse objetivo tem se materializado por meio de sugestões de implementação de colegiados e de uma gestão compartilhada, cuja proposta difere segundo as muitas realidades existentes hoje no território nacional. Além da qualificação do processo de gestão das políticas e dos recursos públicos, a gestão compartilhada promove a corresponsabilização de todos os envolvidos na proposição e alcance dos objetivos ofertados nos projetos elaborados no ambiente escolar. Veja a seguir a proposta da Secretaria de Educação do Distrito Federal (SEDF) referente à gestão compartilhada.

Gestão Compartilhada nas Escolas Públicas do Distrito Federal (Brasil)

A Gestão Compartilhada (Lei nº 4.036/07) é o modelo de gerenciamento das escolas da rede pública do Distrito Federal implantado a partir de 2007. Neste sistema, as equipes dirigentes das instituições educacionais, compostas por diretor e vice-diretor, são escolhidas com base em critérios técnicos e com a participação da comunidade escolar por meio de eleições.

Além disso, os candidatos a diretor e vice-diretor passam por uma avaliação composta por prova objetiva e análise de títulos, além de ter de elaborar um plano de trabalho, submetido à aprovação da comunidade escolar.

O objetivo da Gestão Compartilhada é tornar mais eficiente a execução das políticas de educação, assegurando a qualidade, a equidade e a responsabilidade social. Para isso, está associada a mecanismos de descentralização administrativa e de participação dos integrantes da comunidade escolar.

Objetivos

De acordo com a legislação, os objetivos da Gestão Compartilhada são:

I – Implementar e executar as políticas públicas de educação assegurando a qualidade, a equidade e a responsabilidade social de todos os envolvidos;
II – Assegurar a transparência dos mecanismos administrativos, financeiros e pedagógicos;
III – Otimizar os esforços da coletividade para a garantia da eficiência, eficácia e relevância do plano de trabalho e da proposta pedagógica;
IV – Garantir a autonomia das instituições educacionais no que lhes couber pela legislação vigente, na gestão pedagógica, administrativa e financeira por meio do Conselho Escolar de caráter deliberativo;
V – Assegurar o processo de avaliação institucional mediante mecanismos internos e externos, a transparência de resultados e a prestação de contas à comunidade;
e,
VI – Assegurar mecanismos de suporte para a utilização, com eficiência, dos recursos descentralizados diretamente às instituições educacionais.
A Gestão Compartilhada é o veículo pelo qual são implantadas as políticas educacionais da SEDF no âmbito pedagógico e de gestão. Assim sendo, associado ao novo sistema de seleção de dirigentes das instituições de ensino, a SEDF implementou o PDAF – Programa de Descentralização Administrativa e Financeira.
Com a Gestão Compartilhada, pretende-se também incrementar a participação da comunidade escolar nos processos de decisão das instituições de ensino pelo fortalecimento do Conselho Escolar, que desempenha um papel ativo na definição da aplicação dos recursos e no acompanhamento do Projeto Pedagógico da escola.
[...]

Termo de compromisso

As equipes eleitas assinam o Termo de Compromisso que estabelece as metas de sua gestão, com as obrigações assumidas tanto pela SEDF quanto pela equipe nomeada. As metas são específicas para cada instituição de ensino com base nas suas especificidades e conforme os seguintes parâmetros mínimos:

- elevação do índice de desempenho individual da Instituição Educacional, referendado pela média do Índice de Desenvolvimento da Educação Básica de 2005;
- redução em 20% no percentual dos alunos defasados em idade x série, mediante a adoção de estratégias de intervenção, desenvolvidas em parceria com a

> comunidade escolar, a partir dos dados do censo escolar de 2006;
> - aumento do índice de aprovação em 20%, a partir do ano letivo de 2008;
> - atendimento educacional aos alunos com necessidades educacionais especiais;
> - acesso e permanência do aluno com necessidades educacionais especiais, preferencialmente, em classes comuns;
> - diminuição da evasão escolar em 20% ao ano, a partir do ano letivo de 2008.
>
> **Monitoramento e avaliação**
>
> A atuação das equipes gestoras das escolas será monitorada, e o desempenho dos gestores será avaliado periodicamente, com base nos seguintes critérios:
> - ações pedagógicas desenvolvidas;
> - qualidade do processo de ensino e de aprendizagem; e,
> - aplicação dos recursos materiais, financeiros e humanos.

Fonte: Brasília, 2010.

Questão para reflexão

1. Após ler o texto sobre a experiência implementada no Distrito Federal, pesquise outras ações inovadoras de gestão compartilhada dos ambientes de educação escolar. Outras cidades estão desenvolvendo propostas diferenciadas nesse campo. Conhecer e compartilhar tais experiências e saberes pode se tornar uma estratégia valiosa de aprendizagem.

3 Propostas inovadoras: a necessária articulação entre o político e o pedagógico

Muitas são as dúvidas que permeiam a elaboração de propostas inovadoras: Como fazer? Quais aspectos contemplar? Quem participa? Quem elabora/propõe? Qual a função dos diferentes planos e projetos existentes?

3.1 Planos no âmbito dos sistemas de educação

No âmbito governamental, é desejável que as políticas públicas sejam propostas com base em um amplo diagnóstico, capaz de mapear as principais demandas das comunidades e dos indivíduos.

    Esse processo tem origem a partir da constituição de planos elaborados de maneira centralizada ou compartilhada, nesse caso, em parceria com os diferentes segmentos da sociedade. O princípio da gestão compartilhada, em processos de definição de políticas públicas, visa garantir uma dinâmica que contemple, por meio de negociações, uma maior diversidade de demandas e, por consequência, um processo ampliado de inclusão.

    O plano traz a ideia de sistematizar e projetar as intencionalidades, por parte dos governos, daquilo que deve ser o conteúdo das políticas públicas em consonância com os desafios da educação nacional.

    Na história da educação brasileira, a participação da população nos processos decisórios é uma conquista recente, já ordenada por um marco legal, mas que depende ainda da formação de uma cultura participativa, tanto por parte dos gestores como dos diferentes segmentos que compõem a comunidade local escolar e/ou da sociedade civil organizada.

A elaboração de planos na perspectiva participativa se dá por meio de audiências públicas e conferências (nacionais, estaduais e municipais) voltadas às consultas e à sistematização de demandas e propostas para a gestão do sistema educacional e das unidades escolares. A elaboração de planos é prerrogativa dos governos, mas isso não impede que a sociedade civil participe e proponha caminhos. A ideia é que os governos promovam a participação, reconheçam e validem as propostas surgidas nos coletivos, garantindo, dessa forma, a legitimidade das políticas públicas.

Vejamos como se caracterizam e de que tratam os principais planos voltados à gestão dos sistemas educacionais.

Plano Nacional de Educação (PNE)

Anunciado desde 1988 e promulgado em 9 de janeiro de 2001 (Brasil, 2001a), o Plano Nacional de Educação – PNE (Brasil, 2001b) se caracteriza como um plano eminentemente governamental (em contraposição ao que deveria ser um plano de Estado) que contemplou muito pouco as reais demandas apresentadas pela sociedade civil. Infelizmente, a lei não logrou inovar na proposição de metas, previsões e garantias de recursos para o enfrentamento dos desafios existentes no cenário da educação nacional. Essa lei tem por características a reafirmação das políticas governamentais em curso, o incentivo à racionalização dos gastos, o estímulo à participação da sociedade e do trabalho voluntário e a descentralização das responsabilidades sem descentralização de recursos.

Como instrumento de concretização dos princípios e das diretrizes educacionais, a elaboração do PNE não representava interesse para um Poder Executivo muito mais interessado nas questões da saúde econômica do país. Para a sociedade civil, no entanto, o PNE reunia todas as expectativas do compromisso de concretização dos princípios de democratização e qualidade do ensino esboçados na Lei nº 9.394, de 20 de dezembro de 1996 – LDBEN/1996 (Brasil, 1996).

Assim sendo, a sociedade civil, representada no Fórum Nacional em Defesa da Escola Pública, elaborou um documento explicitando seu projeto de educação para o país. Esse processo desencadeou no Poder Executivo a necessidade de mobilização (e elaboração de seu próprio documento) para garantir que a proposta que viesse a ser aprovada pelo Congresso Nacional não conflitasse com as reformas educacionais promovidas pelo Governo Federal. Valente e Romano (2002, p. 99) sintetizam a situação:

> As duas propostas de PNE materializavam mais do que a existência de dois projetos de escola, ou duas perspectivas opostas de política educacional. Elas traduziam dois projetos conflitantes de país. De um lado, tínhamos o projeto democrático e popular, expresso na proposta da sociedade. De outro, enfrentávamos um plano que expressava a política do capital financeiro internacional e a ideologia das classes dominantes, devidamente refletido nas diretrizes e metas do governo.
> O PNE da Sociedade Brasileira reivindicava o fortalecimento da escola pública estatal e a plena democratização da gestão educacional, como eixo do esforço para se universalizar a educação básica. Isso implicaria propor objetivos, metas e meios audaciosos, incluindo a ampliação do gasto público total para a manutenção e o desenvolvimento do ensino público. O custo seria mudar o dispêndio, equivalente a menos de 4% do PIB nos anos de 1990, para 10% do PIB, ao fim dos 10 anos do PNE. A proposta da sociedade retomava, visando organizar a gestão educacional, o embate histórico pelo efetivo Sistema Nacional de Educação, contraposto e antagônico ao expediente governista do Sistema Nacional de Avaliação.

O projeto de lei aprovado, com 9 vetos do presidente da República, silenciou e/ou minimizou compromissos fundamentais anteriormente assinalados na Constituição Federal de 1988. Erradicação do analfabetismo, universalização do atendimento escolar e melhoria da qualidade do ensino são tratados no texto, sem que se apresentem o patamar e a origem de recursos que viabilizem ações de tal amplitude.

A quase totalidade das metas apresentadas no PNE recaiu sobre os estados e municípios da União, sendo esta citada apenas como parte de um cenário de colaboração mútua dos poderes públicos. É nesse sentido que se faz a crítica ao documento aprovado: Como propor reformas que visam à qualidade na educação sem a contrapartida da ampliação de recursos para o setor? Sem esse entendimento e, consequentemente, sem o compromisso, o PNE, com seus diagnósticos, diretrizes e metas, transformou-se em um documento prescritivo, uma lista de ações e condições que devem ser perseguidas por diferentes instâncias do Poder Executivo durante os dez anos que se seguiram à sua publicação.

No que tange especificamente ao processo de elaboração e promulgação do PNE, Valente e Romano (2002, p. 107) afirmam que:

> O PNE aprovado pelo Congresso, assim como a LDB e a legislação educacional, aprovadas sob a égide do pacto conservador que atualmente controla o governo brasileiro, traduzem a compreensão de que a política educacional deve ser concebida e praticada hostilizando-se o pensamento, as reivindicações, os anseios da comunidade escolar. Mais do que isso, essa orientação materializa no Brasil a política do Banco Mundial para os países subdesenvolvidos. Neste sentido e até por isso, o PNE, como lei de conjunto, não contempla as propostas e reivindicação dos setores democráticos e populares da sociedade. Ele é uma espécie de salvo-conduto para que o governo continue implementando a política que já vinha praticando.

A situação que se configura em decorrência desse cenário é que, se, por um lado, a legislação abre espaços para as reformas que são necessárias, por outro, ela não cria as condições materiais para que estas ocorram. Tudo fica congelado no plano dos discursos e das intenções. A realidade, porém, não tem como permanecer congelada, pois é nela que visualizamos as consequências mais dramáticas das opções do poder público.

Às vésperas de completar dez anos de vigência, o Governo Federal, por meio do Ministério da Educação, desencadeou em 2009 um processo de avaliação do PNE com vistas à atualização do plano diante das atuais demandas da sociedade. Esse processo, ao contrário do anterior, tem procurado garantir o amplo debate sobre a educação nacional[1], a participação de todos (sistemas, segmentos e sociedade civil), a sistematização e a incorporação das contribuições coletadas. Esse processo culminará com a proposição de um PNE atualizado, com novos objetivos e novas metas para mais dez anos.

Os planos estadual e municipal de educação em articulação com o Plano Nacional de Educação

Em um regime de colaboração e de autonomia dos sistemas, tal como previsto pela nossa legislação, é necessário que os sistemas educacionais também elaborem seus planos, visando à gestão planificada e compartilhada da educação. Nessa perspectiva, a constituição dos planos estaduais deve estar em consonância com o plano nacional, assim como os planos municipais devem estar coerentes com o plano das duas instâncias anteriores. Os três documentos devem compor um conjunto integrado e articulado, abarcando objetivos, prioridades, diretrizes, metas estabelecidas e ações, na soma dos esforços das três esferas governamentais, de modo que os objetivos estabelecidos sejam atendidos.

Nesse sentido, é necessária a garantia de um regime de colaboração e de financiamento para que os planos estaduais e municipais não se transformem em meras cartas de intenção. O trabalho de construção de planos estaduais e municipais de educação com base no PNE começam a ganhar significado para os governos naquilo que diz respeito à gestão dos sistemas educacionais. Bordignon (2009, p. 94), ao citar a relevância da elaboração de um plano para a educação municipal, afirma que:

---

1 Para garantir a ampla participação da comunidade escolar, foram organizados seminários e conferências locais e regionais, espaços de debate, proposição e sistematização das demandas mais específicas do cenário da educação nacional. Essas contribuições foram debatidas e incorporadas a um novo documento com base na Conferência Nacional de Educação (Brasil, 2010), realizada em março de 2010, em Brasília.

O Plano Municipal de Educação é o instrumento de gestão para tornar efetiva a cidadania e a sociedade preconizada nas bases e diretrizes do Sistema Municipal de Educação. Quando o município não tem plano, fica à mercê de ações episódicas que, mesmo planejadas caso a caso, representam improvisações. Sem Plano Municipal não há visão de Estado nas ações, não há caminho a percorrer, mas apenas passos ao sabor das circunstâncias de cada Governo.

Assim como no processo de avaliação do PNE (2009-2010), atualmente é possível observarmos, principalmente por parte dos municípios, a realização de processos mais participativos na esfera da educação. É na esfera municipal que as experiências[2] de promoção da participação têm ganho força e causado importantes mudanças na forma de gestão das políticas e dos recursos públicos. A organização de conselhos (educação, Conselho Municipal dos Direitos da Criança e do Adolescente (CMDCA) alimentação escolar, entre outros), a instituição de fóruns e a elaboração dos planos (educação, juventude etc.) começam a fazer parte das realidades e das rotinas da população em articulação com o poder público.

Plano de Metas Compromisso Todos pela Educação (Plano de Desenvolvimento da Educação – PDE

Em 2007, o então ministro da Educação, Fernando Haddad, anunciou o Plano de Metas Compromisso Todos pela Educação, também conhecido como *Plano de Desenvolvimento da Educação* (PDE, Brasil, 2007b). Promulgado pelo Decreto nº 6.094, de 24 de abril de 2007 (Brasil, 2007a), o seu objetivo é melhorar a qualidade da educação básica ofertada pelo Poder Público. O decreto prevê o alcance de 28 metas e ações que, uma vez atingidas, devem impactar o perfil dos estudantes brasileiros em um prazo de 15 anos (2022). Dois aspectos merecem destaque nessa proposta:

---

2   Sobre esses processos, o orçamento participativo é, sem dúvida, uma experiência exemplar.

* a criação de um parâmetro de avaliação do desempenho do sistema – Índice de Desenvolvimento da Educação Básica (Ideb) –, que passa a acompanhar cada município, com base nos resultados obtidos no Sistema de Avaliação da Educação Básica (Saeb), na Prova Brasil e no Censo Escolar;
* a oferta de apoio técnico e financeiro, por parte do Governo Federal, aos municípios que apresentem um baixo desempenho, desde que formalizem a sua participação por meio da assinatura de um compromisso de cumprimento das metas estipuladas pelo PDE.

As metas de qualidade do PDE contribuem para que as escolas e secretarias de educação se organizem no atendimento aos alunos. Além disso, criam um parâmetro sobre o qual as famílias podem se orientar para exigir uma educação de maior qualidade. Com o PDE, o Ministério da Educação pretende dar visibilidade aos processos que se passam dentro e fora da escola, resgatando a transparência na gestão das políticas públicas também para os ambientes escolares. A intenção é que as iniciativas do MEC cheguem à sala de aula e beneficiem crianças, adolescentes, jovens e adultos e, dessa forma, concretizem a tão almejada qualidade da educação pública.

O PDE (Brasil, 2007b) vinculou e reordenou o repasse de recursos e de apoio técnico do MEC aos municípios, aos estados e ao Distrito Federal por meio da adesão ao Plano de Metas Compromisso Todos pela Educação e à elaboração do Plano de Ações Articuladas (PAR).

A adesão ao compromisso permite que os governos municipais acessem diretamente os recursos de transferência voluntária do MEC via *web*, em contrapartida à apresentação de um diagnóstico e um plano de ações para melhoria da qualidade da educação local, construído de forma participativa, ou seja, desde então, é o próprio município que anuncia a sua demanda por meio do Plano de Ações Articuladas (PAR).

Com o apoio do Governo Federal (Ministério da Educação – MEC), a tão sonhada articulação dos diferentes entes federativos ganhou concretude, seja pela definição das atribuições e responsabilidades de cada frente no campo da educação pública, seja pela compreensão de que o PAR pode ser um instrumento real de diagnóstico e gestão da realidade escolar contemplando quatro grandes áreas: **gestão escolar, formação de professores e outros profissionais da escola, recursos pedagógicos e infraestrutura.**

Devemos considerar que o Brasil conseguiu avançar consideravelmente em seu projeto de sociedade, na medida em que vem buscando alternativas atualizadas e contextualizadas para avançar em questões sociais historicamente desafiadoras. Aos poucos, nossa cultura de fazer política vem se transformando e ampliando o escopo de cidadania para segmentos antes excluídos do acesso aos bens básicos, como a educação. Avançou a legislação e têm avançado as políticas públicas. Uma visão mais sistêmica e inclusiva parece (re)inaugurar e fundamentar inovações em nossos ambientes educativos. Mas como essas inovações têm chegado às escolas? Em que medida o princípio da gestão democrática favorece a inovação das práticas pedagógicas e transforma o universo das aprendizagens, dentro e fora das escolas? Quais competências e atitudes passam a compor o perfil profissional dos educadores neste século XXI?

3.2 Os projetos no âmbito da unidade escolar: projeto político-pedagógico (PPP)

Dadas as mudanças socioculturais em curso anteriormente discutidas, não é demais afirmarmos que cabe, em grande medida, aos diferentes segmentos que compõem a organização da educação escolar promover a mudança das dinâmicas e das relações que até então têm sido o eixo condutor dos processos de ensino. Se pensarmos segundo uma lógica sistêmica, tudo o que diz respeito aos processos educativos passa a ser influenciado e a demandar transformação: se mudou a nossa concepção de educação, se passamos de um modelo mais conservador, seletivo, conteudista, para um modelo mais progressista, inclusivo, crítico, também a proposta pedagógica, o currículo, os materiais didáticos, a comunicação, o perfil dos professores, enfim, as modificações devem se dar em contexto amplo e articulado.

Viver a mudança no âmbito das escolas é uma tarefa complexa, pois envolve, acima de tudo, um conjunto de relações e valores há muito estabelecido. Viabilizar uma escola que promova processos educativos inclusivos, flexíveis e significativos é, sem dúvida, provocar uma verdadeira revolução no campo do conhecimento. É um desafio que implica um repensar a forma e o conteúdo das propostas. Segundo Ghanem (2004, p. 219):

> Para uma educação escolar adequada à democracia, não se trata, enfim, de "melhorar" ou "aumentar" a qualidade da educação escolar. Trata-se de mudar de qualidade, edificar outro modelo baseado na produção de conhecimento. Nesse modelo, mais importante que estabelecer um padrão nacional ou internacional, é que cada grupo local estabeleça, com crescente nitidez, o conhecimento que necessita produzir, podendo, por conseguinte, tornar evidentes os conhecimentos já existentes que suportem essa produção. Somente após esse percurso, restaria buscar as formas eficientes de dominar os conhecimentos existentes.

Na educação, esse aspecto tem se traduzido em um movimento de repensar a escola, de aproximar escola e comunidade, de criar currículos (por meio de processos cada vez mais compartilhados), de envolver os profissionais da educação em um novo estar no universo escolar, enfim, de recriar códigos, ressignificar vivências, reinventar a educação humana. Os princípios estão postulados na Declaração Mundial sobre Educação para Todos (Unesco, 1990), que aponta para uma concepção ampliada de educação, segundo a qual as sociedades devem buscar garantir: foco nas aprendizagens e nos sujeitos, inclusão na diversidade, educação pública gratuita para todos ao longo da vida e criação de uma rede educativa que envolva outras instituições sociais além da escola.

Criar estratégias para garantir a participação e a decisão na gestão dos espaços, dos equipamentos e dos processos relativos ao convívio social é de fundamental importância. As aprendizagens adquiridas nesse contexto tendem a fortalecer e a empoderar os indivíduos e grupos em um cenário que se pretende autônomo, diferenciado. Todos os sujeitos envolvidos no processo podem aprender e ensinar com base em suas experiências e visões de mundo. Todos se transformam a partir desse novo momento e desafio de compartilhar novos sonhos.

É nesse contexto que estratégias como a elaboração coletiva do projeto político-pedagógico (PPP) e de planos de trabalho (no universo da gestão das unidades escolares) e de uma didática que privilegie o trabalho pedagógico por meio de projetos (gestão das aprendizagens) ganham relevância e avançam em seu caráter formativo e inovador. Que melhores contextos de aprendizagens senão aqueles capazes de despertar o interesse e o compromisso permanente por parte dos envolvidos? Como adequar as propostas pedagógicas diante de mudanças tão rápidas como as que vivemos nos dias atuais? Como propor objetivos e favorecer a aprendizagem de todos os indivíduos, em permanente diálogo com as demandas sociais e culturais do nosso tempo? Para a sociedade intitulada como sendo a do *conhecimento*, a relação com este precisa ser dinâmica, crítica, atenta. Freire (2007, p. 28-29), em sua obra *Pedagogia da autonomia*, já indica a transformação radical na compreensão dos saberes necessários à prática educativa:

> Ao ser produzido, o conhecimento novo supera outro que antes foi novo e se fez velho e se "dispõe" a ser ultrapassado por outro amanhã. Daí que seja tão fundamental conhecer o conhecimento existente quanto saber que estamos abertos e aptos à produção do conhecimento ainda não existente. Ensinar, aprender e pesquisar lidam com esses dois momentos gnosiológicos: o em que se ensina e se aprende o conhecimento já existente e o em que se trabalha a produção do conhecimento ainda não existente. [...] Não há ensino sem pesquisa e pesquisa sem ensino. Esses que-fazeres se encontram um no corpo do outro. Enquanto ensino continuo buscando, re-procurando. Ensino porque busco, porque indaguei, porque indago e me indago. Pesquiso para constatar, constatando, intervenho, intervindo educo e me educo. Pesquiso para conhecer o que ainda não conheço e comunicar ou anunciar a novidade.

Essa nova escola requer novos docentes, que sejam capazes de refletir acerca da própria prática; que sejam críticos de seu mundo, que saibam desenvolver propostas curriculares cada vez mais dialógicas com as demandas das gerações atuais e que estão por vir.

Neste momento, cabe-nos fazer uma pergunta crucial: De que trata o PPP? É um documento de identidade e, potencialmente, formador e promotor de uma nova cultura escolar. O PPP se constitui em um processo de investigação sobre a comunidade escolar, seu entorno, suas demandas, suas potencialidades. O fio condutor consiste em conhecer a fundo uma realidade para expressar intencionalidades capazes de transformar as vidas das pessoas. Como o próprio nome afirma, trata-se de um **projeto**, pois, por meio de estratégias de planejamento, ele detecta desafios e organiza as intencionalidades e potencialidades com vistas ao alcance de objetivos. É também **político**, porque expressa o compromisso com a transformação social. É **pedagógico**, porque tem como meio os processos de ensino e de aprendizagem.

Um PPP deve ser organizado segundo princípios definidos coletivamente, que considerem o paradigma da gestão democrática. Via de regra, esse documento versa sobre aspectos conceituais e organizativos do universo escolar e da comunidade, a saber:

- **Informações sobre a identidade do universo a que se refere:** A função social da escola, as concepções (de educação, de currículo, de avaliação, de infância) presentes nos imaginários e nas práticas pedagógicas; o marco legal que organiza o sistema; os desafios e as demandas da comunidade e dos diferentes segmentos da escola.

- **Informações sobre as intencionalidades educativas:** Definição dos objetivos, das metas e dos propósitos da educação a ser ofertada; quais aprendizagens serão favorecidas? Devem ser feitas propostas extremamente relacionadas às realidades identificadas no processo anterior, de modo a favorecer a formação para a transformação.

- **Informações sobre quais estratégias serão privilegiadas para promover o alcance dos objetivos definidos anteriormente:** Nessa etapa, é imprescindível que se definam também estratégias de monitoramento, para os ajustes que se fizerem necessários ao longo do processo.

A elaboração e a implementação do PPP pressupõem algumas etapas ou momentos coletivos de trabalho, quais sejam:

> + **Momento de mobilização:** Sensibilização e organização dos diferentes segmentos para o envolvimento e comprometimento com a proposta, assim como de planejamento geral dos trabalhos e encontros (que estratégias serão adotadas ao longo do processo de elaboração do documento).
>
> + **Momento de investigação:** Conhecimento das realidades envolvidas no processo e coleta das informações que farão parte do documento.
>
> + **Momento de sistematização e proposição:** Análise das informações, definição e organização das estratégias para o alcance dos objetivos propostos.
>
> + **Momento de avaliação:** Monitoramento e ajuste do processo com vistas ao alcance dos objetivos previamente definidos.

É nessa perspectiva que as concepções de projeto e currículo se cruzam, completando-se. A ampliação da nossa ideia de educação exige que ressignifiquemos as nossas ideias e práticas sobre currículo e projeto. Ambos precisam ser (re)criados à luz dos novos tempos. Ambos devem ser guiados pelos princípios da reflexão, do compartilhamento, da relevância e da dialogicidade.

Em uma concepção progressista de educação, que leva em consideração os saberes e as experiências dos educandos, o currículo escolar deve nascer de uma necessidade real, ou seja, ele emerge dos anseios e das demandas da comunidade à qual atende. Ao considerar essa demanda real, o currículo está harmonizado com a concepção da escola como uma instituição que está a serviço de cidadãos que possuem o direito a uma educação de qualidade que contribua, de fato, para que os desafios da vida cotidiana, de natureza simples ou complexa, possam ser resolvidos por sujeitos que vivem uma relação dialética com seu meio, com a sociedade em que estão inseridos, modificando a realidade e sendo por ela modificado.

Brandão (2009, p. 20-21) discute a relação currículo-cultura e aborda a docência como um processo que cria cultura. Ele afirma que:

> Criar um currículo é estabelecer momento de diálogo entre culturas através das pessoas. É integrar espaços/tempos educativos, de tal modo que através de encontros de vidas, de identidades, de afetos, de saberes individuais e de significados culturais, pessoas em interação dialoguem e, assim, mutuamente, se ensinem e aprendam. Elaborar um currículo é trazer, para o campo da educação, momento e dimensões de uma cultura. De um modo de vida próprio de uma comunidade cultural, que deve ser re-traduzido e sintetizado em um currículo, como uma proposta de saberes-sentidos que devem ser dialogicamente ensinados e aprendidos.

Existem muitas orientações e roteiros ensinando como se elaborar um PPP e uma proposta curricular. Tais materiais, com certeza, são relevantes e devem ser considerados como uma referência de trabalho e de estudo. No mais, se a aposta do grupo é na autonomia, vale mesmo que cada realidade crie para si roteiros de trabalho e propostas que sejam específicas e significativas, fruto da releitura das experiências anteriores, à luz das próprias demandas e realidades. Esse aspecto é fundamental se considerada a compreensão de processos identitários, como os descritos anteriormente. Não é "reinventar a roda", mas se reservar o direito de refletir e recriar as próprias realidades. Este parece ser o grande diferencial dos quais tais documentos são portadores: a reflexão crítica, a flexibilidade inclusiva, o ser sujeito dos próprios processos de construção do conhecimento. Carbonell (2002, p. 91-92) descreve o perfil da escola que se constitui nesse percurso participativo:

> Uma escola realmente democrática entende a participação como a possibilidade de pensar, de tomar a palavra em igualdade de condições, de gerar diálogos e acordos, de respeitar o direito das pessoas de intervir na tomada de decisões que afetam sua vida e de comprometer-se na ação. Apela à formação da uma cidadania ativa, com ideias e projetos próprios, em contraste com a atonia, passividade e mera sobrevivência. A que comumente estão submetidos os seres humanos em consequência de políticas autoritárias ou democracias formais e maquiadas. [...] Mas o modelo de escola democrática, em consonância com a ideologia das pedagogias inovadoras e

progressistas, [...] projeta-se e compromete-se com a comunidade e trata de combater as desigualdades sociais de origem e suas causas e de gerar novas oportunidades educativas para toda a população.

A participação comprometida com a transformação demanda que a instituição escolar seja propositiva de novos modelos organizativos e de novas culturas político-pedagógicas. Em coerência com essa perspectiva, o colegiado escolar ressignifca a sua função social e adquire novos contornos e significados.

No Brasil, esse debate é extremamente atual, pois são em contextos de reivindicação de direitos, entre eles o direito à singularidade, que a temática do projeto político pedagógico ganha sentido. Segundo a abordagem da inovação[3], o PPP é entendido como espaço e processo de formação. É na elaboração deste que os sujeitos reafirmam a intencionalidade e a especificidade da ação educativa. É nesse documento que o compromisso da edificação da educação pública de qualidade se concretiza: na articulação dos aspectos políticos e pedagógicos, na proposição de um currículo sensível às necessidades básicas de aprendizagem[4] dos educandos.

Segundo Veiga (2003, p. 277-278):

> Construir o projeto político-pedagógico para a instituição educativa significa enfrentar o desafio da inovação emancipatória ou edificante, tanto na forma de organizar o processo de trabalho pedagógico como na gestão que é exercida pelos interessados, o que implica o repensar da estrutura de poder. Nesta perspectiva, o projeto político-pedagógico inovador amplia a autonomia da escola [...].

---

3   Veiga (2003) defende a **ideia de que o projeto político-pedagógico, na esteira da inovação emancipatória, enfatiza mais o processo de construção**. É a configuração da singularidade e da particularidade da instituição educativa. A autora contrapõe a essa ideia os processos de burocratização e de regulação existentes no âmbito das instituições escolares, quando da elaboração isolada, fragmentada e *pro-forma* de seus documentos.

4   As necessidades básicas de aprendizagem são um conceito derivado do paradigma educacional que preconiza a **educação para todos ao longo vida**. Diz respeito aos saberes/conhecimentos fundamentais necessários para que os sujeitos se tornem autônomos em seus processos de aprendizagem e sejam capazes de transformar as suas realidades sempre que demandados para isso.

A instituição educativa não é apenas uma instituição que reproduz relações sociais e valores dominantes, mas é também uma instituição de confronto, de resistência e proposição de inovações. A inovação educativa deve produzir rupturas e, sob essa ótica, ela procura romper com a clássica cisão entre concepção e execução, uma divisão própria da organização do trabalho fragmentado.

A elaboração do projeto político-pedagógico passa a ser o terreno sobre o qual se organizarão as novas propostas curriculares e as novas aprendizagens. Assim sendo, a construção de currículos e de propostas curriculares adquire especificidade e ganha ares de inovação. Estes passam a ser necessariamente mais inclusivos, diversificados e dialógicos. Silva (2003, p. 150), em sua definição sobre o que é um currículo, explicita a importância desse documento para o universo educativo:

> O currículo tem significados que vão além daqueles aos quais as teorias tradicionais nos confiaram. O currículo é lugar, espaço, território, é relação de poder. É trajetória, viagem, percurso. É autobiografia, nossa vida, *curriculum vitae*. No currículo se forja nossa identidade. O currículo é texto, discurso, documento. É documento de identidade.

O currículo é a expressão do conhecimento que está em jogo nos processos educativos; são saberes e aprendizagens que dizem respeito às relações, às atitudes, aos valores, às habilidades, enfim, dizem respeito ao conjunto de conhecimentos que desejamos abordar, investigar, promover. O currículo deve expressar, portanto, objetivos de aprendizagem, temas e conteúdos de relevância sociocultural, a forma de organização do conhecimento (tempos e espaços), estratégias de ensino, de aprendizagem, de monitoramento e de avaliação. É um documento valioso que expressa as concepções de educação de uma época. Também deve expressar outras especificidades, tais como: regionalidade, gênero, etnia, geracional, renda. Daí a demanda de o currículo ser uma construção coletiva, que considere os diferentes indivíduos e interesses envolvidos nos processos educativos.

Como exemplo mais acessível de uma proposta curricular, ou de um referencial curricular (que avança na tentativa de dialogar com propostas mais construtivistas e, portanto, mais inclusivos), podemos citar os Parâmetros Curriculares Nacionais (PCN)[5], material elaborado para subsidiar a reorientação dos processos de ensino no interior do sistema escolar. Apesar de ter sido elaborado pelo Governo Federal/Ministério da Educação (MEC) nos anos 1990 e de já adotar um perfil de flexibilidade e diversidade, por meio da incorporação dos temas transversais, não se tem notícia de sua total incorporação pelo sistema escolar. Pelo contrário, uma proposta desse porte encontra muitas dificuldades de alcançar as redes de ensino em âmbito nacional. Esse processo dependeria da oferta de uma formação sistemática e intensiva dos profissionais da educação para ter um impacto significativo.

É na esfera municipal que o surgimento de um processo denominado *reorientação curricular* vem ocorrendo. Dada a conquista da autonomia municipal no âmbito da educação (por meio da constituição dos conselhos de educação e da elaboração do Plano Municipal de Educação, Brasil, 2005), as secretarias de educação têm promovido amplos processos formativos voltados ao exercício da gestão democrática, da elaboração dos PPPs das escolas e dos currículos que se almejam em prática na rede de ensino.

O espaço privilegiado de construção desses processos são os chamados *colegiados*. Vejamos como eles se organizam e a importância que adquirem no espaço da escola.

A importância do colegiado escolar

O conselho escolar é um colegiado instituído, formado por meio da representação dos diferentes segmentos da comunidade escolar (professores, gestores, pais, educandos, profissionais administrativos e operacionais), e tem como objetivo a gestão democrática da escola, discutindo e refletindo coletivamente sobre aspectos administrativos, financeiros e pedagógicos dessa gestão.

---

5   Para conhecer os documentos existentes, acesse o site do MEC (http://portal.mec.gov.br). Nesse portal, você encontra disponibilizados os diferentes PCN, Referenciais e Propostas Curriculares, documentos elaborados no âmbito do Governo Federal, por meio de consultoria de especialistas.

Esse coletivo se reúne periodicamente, e sua existência e atuação vêm favorecendo a superação da dicotomia administrativa-pedagógica, característica marcante de um modelo de escola conservadora.

Nessa perspectiva, outros colegiados, como a APM e o conselho de classe, são progressivamente substituídos e/ou ressignificados com vista a um modelo de gestão mais integrado e participativo que leve em consideração, porque reconhece sua existência, seu papel, seu direito e suas intenções, os sujeitos que vivem direta ou indiretamente na escola, de forma a promover um espaço inclusivo e definitivamente democrático.

> O processo de organização, definição e formação desse colegiado se dá por meio de eleição de seus membros, à exceção da presidência, que é formada pela direção escolar. Existem algumas experiências já sendo vivenciadas nas quais o presidente deixa de ser o membro nato da escola, o então diretor escolar, e passa a ser qualquer membro eleito para o órgão, que seja escolhido via processo eletivo, além de todos os cargos necessários na constituição desse colegiado.

Antunes (2008, p. 24-25) destaca alguns aspectos importantes que sintetizam o perfil do que podemos esperar de um conselho de escola, na perspectiva da gestão democrática:

> 1 – O Conselho decide sobre questões administrativas, financeiras e pedagógicas da escola. Ele analisa o desempenho, os problemas e as potencialidades da escola, e propõe soluções.
>
> 2 – O Conselho de Escola deve garantir a participação de todos os interessados. Os que não foram eleitos, mas querem se envolver com as atividades, devem ser incentivados a participar.
>
> 3 – Em todos os regimentos de que temos conhecimento, os membros eleitos têm direito a voz e voto. Os demais participantes têm direito a voz.
>
> 4 – Geralmente o Conselho de Escola é eleito no início do ano letivo, e seus membros podem ser reeleitos.
>
> 5 – A duração dos mandatos não é a mesma em todos os Municípios e Estados. Os mais comuns são os anuais e os bienais. Há municípios onde o mandato do Conselho dura o mesmo tempo do mandato dos diretores eleitos.

> 6 – Quando o Conselho de Escola é deliberativo, ele pode tomar decisões capazes de mudar a história da escola e da comunidade.
>
> 7 – O Conselho de Escola deliberativo elabora, aprova e acompanha a execução do Projeto Político-Pedagógico da escola.
>
> 8 – Participação, autonomia, democracia e cidadania exigem aprendizado. O Conselho de Escola pode nos ensinar a construir esses saberes.

Vale salientarmos que, para além dos membros que atuam direta ou indiretamente na escola, cabe, se previsto em regimento, a participação de instituições oficialmente constituídas atuantes na comunidade em que a escola está inserida. Com isso, espera-se que a escola se torne um espaço de relações mais horizontais e integradas, que promovam a aprendizagem de todos, por meio de um trabalho pedagógico significativo e uma dinâmica escolar inclusiva, que legitimamente atenda às necessidades básicas de aprendizagem de crianças, adolescentes, jovens e adultos, em uma perspectiva dialógica que seja capaz de promover ações coletivas de respeito à diversidade, de convívio solidário e de compromisso com a cultura de paz.

3.3 A reinvenção do trabalho docente

Todos sabemos o quanto os professores têm sido exigidos nesses cenários em que a urgência em responder com qualidade e inovação é a tônica. Sem dúvida, a melhoria da educação passa necessariamente pelo trabalho docente. Já assinalamos o quanto os marcos teóricos e jurídicos enfatizam essa questão. A demanda pelo aprimoramento dos educadores implica que estes possam ter acesso a processos de formação permanente. Essa formação deve se dar em várias instâncias articuladas: entre os pares, individualmente, com o grupo-escola, em cursos de formação acadêmica, de extensão, de atualização profissional, entre outros.

Mas o que se espera do professorado nesse contexto? Nóvoa (2001) nos dá algumas pistas:

> eu tenderia a valorizar duas competências: a primeira é uma competência de organização. Isto é, o professor não é, hoje em dia, um mero transmissor de conhecimento, mas também não é apenas uma pessoa que trabalha no interior de uma sala de aula. O professor é um organizador de aprendizagens, de aprendizagens via os novos meios informáticos, por via dessas novas realidades virtuais. Organizador do ponto de vista da organização da escola, do ponto de vista de uma organização mais ampla, que é a organização da turma ou da sala de aula. Há aqui, portanto, uma dimensão da organização das aprendizagens, do que eu designo, a organização do trabalho escolar, e esta organização do trabalho escolar é mais do que o simples trabalho pedagógico, é mais do que o simples trabalho do ensino, é qualquer coisa que vai além destas dimensões, e estas competências de organização são absolutamente essenciais para um professor.

O autor afirma ser necessário o aprimoramento de algumas competências por parte do professorado para o desempenho de uma prática pedagógica que dialogue com as demandas de seu tempo. O professor precisa ser capaz de explicitar a intencionalidade de suas ações. É preciso valorizar e desenvolver ao máximo a prática reflexiva, a prática investigativa e a prática propositiva. Espera-se que desse processo surjam propostas educativas (inclusivas, flexíveis, diversificadas, significativas), capazes de acolher as expectativas dos sujeitos envolvidos com o universo escolar. Nóvoa (2001) prossegue:

> Há um segundo nível de competências que, a meu ver, são muito importantes também, que são as competências relacionadas com a compreensão do conhecimento. [...] Não basta deter o conhecimento para o saber transmitir a alguém, é preciso compreender o conhecimento, ser capaz de o reorganizar, ser capaz de o reelaborar e de transpô-lo em situação didática em sala de aula. Esta compreensão do conhecimento é, absolutamente, essencial nas competências práticas dos professores. Eu tenderia, portanto, a acentuar esses dois planos: o plano do professor como um organizador do trabalho escolar, nas suas diversas dimensões e o professor como alguém que compreende, que detém e compreende um determinado conhecimento e é capaz de o reelaborar no sentido da sua transposição didática, como agora se diz, no sentido da sua capacidade de ensinar a um grupo de alunos.

Vemos assim o quanto o espaço da gestão compartilhada da escola e de sua proposta político-pedagógica favorece a constituição de um universo de formação permanente e compartilhada, no qual todos se constituem sujeitos históricos e produtores de cultura.

> A escola passa a ser polo de construção de aprendizagens significativas para os diferentes segmentos envolvidos: alunos, professores, coordenadores, pais e comunidade do entorno. Nessa escola, o aprender de todos se volta a um objetivo comum: uma aprendizagem que faça diferença nas vidas dos sujeitos, possibilitando-lhes tomar a realidade como objeto de conhecimento; não como algo pronto e perene, mas como algo passível de mudanças.

Nesse contexto, promover a formação permanente dos professores é de fundamental importância e deve levar em conta que:

> - o sujeito aprende melhor quando torna significativos os conhecimentos;
> - o professor e o estudante não são seres prontos e acabados; muito menos se acredita que a sua formação esteja encerrada, pelo contrário, todos são seres em mudança cuja formação está em processo;
> - aprender não é uma prerrogativa das crianças e dos jovens; os profissionais da escola também constroem seus saberes nas práticas do cotidiano e nas reflexões que fazem sobre elas;
> - a gestão democrática e participativa é um processo em que todos aprendem e ensinam.

Outras práticas podem ser estimuladas por possuírem também um caráter formativo. São os processos de registro das práticas (do cotidiano pedagógico ou de construção de uma proposta educacional); daí a valorização da sistematização diante das funções que pode assumir no cotidiano escolar: memória, planejamento, avaliação, comunicação.

Partimos do pressuposto de que o professor deva ser leitor/escritor competente de suas propostas, além de ser capaz de comunicar as suas ações e as ideias que conformam sua prática pedagógica. Dada a complexidade desses processos, os registros são considerados resultado e subsídio das práticas em curso nas escolas.

Com o avanço da tecnologia e a ampliação do acesso a diferentes estratégias de captação de informações (jornais e revistas impressos, *sites* e *blogs*, rádios, celulares etc.), existe uma tendência para a diversificação dos meios de registro: eles podem se apresentar no formato de textos escritos, relatos orais, fotos, vídeos, álbuns eletrônicos, entre outros. Esses materiais devem ser alvo de constante revisão e consulta dos professores sempre que se proponham a planejar suas aulas.

Nessa escola, o trabalho pedagógico se organiza com base nas demandas do "aluno real". Isso exige que a escola pense em si mesma como uma instituição aprendente, que lança mão tanto do que conhece sobre os seus alunos quanto dos conhecimentos socialmente construídos e acumulados pelas diferentes áreas do conhecimento.

Esse processo, longe de significar uma atribuição individual, de cada profissional, decorre de um processo discutido e vivido pelo coletivo de cada escola. O trabalho no cotidiano escolar e a formação permanente dos profissionais da educação são fatores fundamentais da formação das crianças e dos jovens. Conhecer os estudantes e relacionar-se com eles, e ensiná-los, decorre de processos discutidos e vivenciados em grupo.

3.4 O projeto como princípio educativo

A abordagem pedagógica por meio de projetos agrega ao ambiente escolar muitas características tidas como inovadoras e fundantes de um novo paradigma educativo: essas características possuem uma natureza de trabalho coletivo, lidam com a realidade como seu foco de investigação tal qual como se apresenta ao mundo, desencadeiam reflexões por meio de problematizações reais e têm por estratégia a investigação e a sistematização do processo.

A principal característica do projeto como um princípio educativo é colocar o educando no papel de protagonista de sua própria aprendizagem. Isso implica afirmar que a educação pode atender às demandas do mundo real em sua perspectiva micro e macro, contribuindo, dessa maneira, para a formação de sujeitos que tenham condições para intervir na sociedade de forma a assumir sua condição de cidadão. Nesse sentido, o processo de aprendizagem envolve participação, tomada de posições, delineamento de planos e seleção de procedimentos para o alcance de objetivos.

Os projetos também abrem possibilidades múltiplas para que se apreenda a realidade em suas diferentes dimensões, fazendo com que os educandos ampliem suas habilidades no campo da expressão, da problematização e da sistematização dos seus saberes. É desse ponto, da centralidade dos sujeitos, que toda e qualquer proposta educativa pautada pela pesquisa, pela curiosidade e pelo estranhamento da situação dada deve se estruturar.

Assim sendo, um projeto educativo favorece:

- o protagonismo do aluno durante todo o processo;
- a contextualização dos estudos/trabalhos;
- a interdisciplinaridade dos diversos saberes (educandos e professores) e das áreas do conhecimento;
- o trabalho em equipe e solidário;
- a ressignificação do papel do professor como um mediador da cultura e facilitador da aprendizagem;
- a ênfase na avaliação como instrumento de reconstrução e tomada de consciência do aprendido;
- o desenvolvimento de práticas de planejamento como estratégia para alcançar objetivos.

Tal organização da ação educativa precisa explicitar a forma como a instituição planeja a ação didático-pedagógica e quais elementos são considerados nesse planejamento. Por exemplo: por meio da pedagogia de projetos; tema gerador; rede temática.

Aqui, descrevemos sinteticamente cada uma das possibilidades de organização, de forma a elucidar a posição da escola quanto à sua metodologia.

Pedagogia de projetos

Considera o processo investigativo como o melhor caminho para aprender: seja com base na observação dos diferentes contextos sociais, seja a partir de situações-problema capazes de desencadear novos questionamentos e o estabelecimento de relações. Seu foco é a formação global do aluno com base na pluralidade e diversidade de ações e contextos, considerando seus lugares de vivência e convivência. Essa linha pedagógica tem como princípio ser o conhecimento de uma construção que se dá com base na relação dos sujeitos com os contextos em que estão inseridos. Nessa perspectiva, os aspectos cognitivos são indissociados dos aspectos emocionais e sociais, e as necessidades de aprendizagem estão vinculadas à busca de solução de situações-problema, estabelecendo assim ações e reflexões em estreita relação com a realidade. Assume como aspecto fundamental a conquista da autonomia pelo educando e seu comprometimento com questões do mundo real.

Abordagem por tema gerador

O tema gerador refere-se, essencialmente, a questões eminentemente humanas. Desse modo, trabalhar por tema gerador é buscar compreender o mundo real e as relações que se estabelecem nesse âmbito, ou seja, por meio das relações sociais, econômicas, políticas e culturais. É uma proposta de forte cunho antropológico, carregada de sentido comunitário no que se refere aos aspectos colaborativos. A prática pedagógica está intrinsecamente comprometida com a transformação social. É no cotidiano da comunidade em que os educandos estão inseridos que se encontram os subsídios necessários à estruturação do tema e do trabalho pedagógico a ser desencadeado. Essa abordagem é muito utilizada pela educação popular e pelos movimentos sociais.

O desenvolvimento de redes temáticas

São estratégias pedagógicas que adotam as construções e tematizações coletivas como espaços potenciais de aprendizagem. As redes são capazes de gerar novos conhecimentos, oriundos de debates sobre problemáticas que são comuns aos coletivos, assim como a proposição de projetos voltados ao enfrentamento dos problemas identificados. Dessa forma, surgem soluções que são úteis tanto à resolução do problema definido pelo grupo como à inovação das estruturas do processo ensino-aprendizagem. Podem se constituir numa oportunidade para que educadores e educandos envolvidos se conheçam mutuamente, partilhando suas ideias e experiências, aprendendo uns com os outros e cooperando mutuamente, numa relação de horizontalidade.

Com base nas preocupações centrais de uma determinada coletividade, define-se um conjunto de questões capazes de desencadear um debate temático. Encara-se com flexibilidade o enfoque e também a composição e metodologia de funcionamento das redes temáticas, já que a consistência, a eficácia e os resultados dessas redes dependerão em muito do compromisso e do interesse de todos os envolvidos, assim como do significado que consigam atribuir ao debate e seus desdobramentos.

> A redes temáticas são, portanto, estruturas que favorecem e promovem o desenvolvimento e a aprendizagem por meio da troca de conhecimentos e de experiências. Reconhece-se, hoje, principalmente em contextos de grande desenvolvimento e utilização da tecnologia, que o conhecimento existe e cresce principalmente em estruturas do tipo "redes" e "comunidades", que são encaradas como espaço/tempo para desenvolver pesquisa e conhecimento e para facilitar a aprendizagem de grupos.

Projetos educativos

São modalidades educativas integradas, que, de um modo geral, envolvem atitudes interdisciplinares, planejamento conjunto, participação ativa e compartilhada entre professores e seus alunos, bem como aspectos da realidade cotidiana de ambos. Dessa forma, todos são corresponsáveis pelo desenvolvimento do trabalho e, principalmente, vislumbram a possibilidade de cada um expor sua singularidade e encontrar um lugar para sua participação na aprendizagem. Em um projeto há sempre a possibilidade de projetar o futuro de forma a tornar compreensível a busca de informações, a retomada de conhecimentos prévios e a reelaboração destes na perspectiva da construção de novos conhecimentos.

O enfoque integrador de uma abordagem por projetos considera a construção de conhecimento como ação que transgride propostas mais conservadoras de educação cujo princípio é o da transmissão de saberes compartimentados e selecionados pelo professor. O trabalho pedagógico por projetos se destaca não por ser uma metodologia, mas, sim, por propiciar atitudes e valores voltados à reflexão sobre a educação, a escola, a sociedade e o papel de cidadão de cada um de nós nesses espaços. Esse processo, portanto, sempre será diferente em cada contexto. Nessa perspectiva, cada projeto desenvolvido é único e não comporta a sua reprodução. O que é universal e generalizável são os princípios que norteiam as atitudes e as ações desenvolvidas no âmbito das propostas educativas.

Os projetos educativos possuem, portanto, algumas características comuns:

- **A delimitação de um problema:** Os projetos são, de forma geral, definidos com base na delimitação de um problema que se pretenda resolver. Seu objetivo está na resolução do problema definido. Seu sucesso consiste na clareza quanto à definição do problema e dos objetivos que vão direcionar as ações a serem executadas para o sucesso de seu intento.

- **O envolvimento das pessoas:** Quanto mais o projeto representa um desafio para o grupo, maior é a probabilidade do êxito. Projetos bem-sucedidos criam, no grupo, uma sensação de propriedade e comprometimento mútuo.

- **A definição de objetivos articulados ao problema identificado:** Os objetivos de um projeto geralmente estão conectados a aprendizagens (valores, habilidades, procedimentos, conceitos) que se pretende alcançar em face do problema delimitado. Estabelecer com clareza os objetivos que se quer atingir no desenvolvimento de um projeto faz parte de um grande exercício de compreensão dos limites e das possibilidades de uma ação investigativa. O sucesso do trabalho está intimamente conectado aos objetivos e à relação que os mesmos estabelecem com o problema identificado.

- **A elaboração de um planejamento:** Desde a definição do problema até sua avaliação, todas as etapas devem ser exaustivamente discutidas, e o produto desses encontros/discussões deve ser descrito nos objetivos do projeto, em suas metas, em suas ações, na sua resolução e no produto que se pretende construir. O planejamento representa a antecipação do processo, mas também representa a capacidade do grupo em articular as condições de que dispõem para alcançar os objetivos propostos. É importante atentar para o fato de que o próprio título do projeto deve indicar as características do resultado final. Projetos bem-sucedidos são muito bem planejados. Atualmente, a flexibilidade é uma característica forte de planejamentos bem realizados; tal característica permite lidar com situações talvez não previstas inicialmente, mas de relevância para a qualificação do projeto.

- **O registro e avaliação permanente do processo:** Os registros e a avaliação permitem a permanente visitação e o replanejamento das ações, sempre com vistas ao alcance dos objetivos projetados. Sem esses procedimentos/princípios, a reflexão e a identificação das aprendizagens ficam completamente comprometidas, o que seria um prejuízo ao caráter pedagógico do projeto.

Em uma escola, os projetos podem ser utilizados em várias situações que não as pedagógicas. Porém, tanto em ações de apoio ao trabalho pedagógico quanto em outras pertinentes ao funcionamento da dinâmica escolar, que não envolvem diretamente as dinâmicas de sala de aula, os projetos têm uma pertinência significativa do ponto de vista da resolução de problemas.

Para concluirmos e continuarmos refletindo e aprendendo, apresentamos três pequenos excertos retirados do livro *Ofício de mestre*, escrito por Arroyo, em 2000.

Conversas sobre o ofício de mestre (p. 17)

[...] *"Nossa Memória".* Assim destacava um cartaz na entrada da escola. Fizeram uma bela exposição. Alunos, professores e a comunidade observavam tudo. Eu também observava curioso velhas fotos da vida escolar, de seus mestres e alunos. A ordem da exposição seguia a linha do tempo. As fotos de inauguração da escola e de várias festas e formaturas, das passadas e das mais recentes. A criançada tentando identificar-se, *"olha o uniforme e o cabelo! Que antiquados".* Em outro canto um grupo de professores fazia seus comentários: *"passam os anos e continuamos tão iguais!".* *"É, mas um pouco mais moderninhas",* comentou uma professora.

Nos alunos a surpresa alegre de serem outros. Nos mestres a surpresa inconformada de que não deixamos de ser os mestres que outros foram. Para as professoras aquelas fotos eram mais do que a memória da escola, eram sua Memória. Descobriram-se tão iguais no passado! No silêncio de seus olhares, uma viagem de volta a um presente incômodo redescoberto na "Memória".

Não há como olhar-nos sem entender que o que procuramos afirmar no presente são traços de um passado que mudou menos do que imaginávamos. O reencontro com "nossa memória" nos leva ao reencontro com uma história que pensávamos (ou desejávamos) não mais existir. *"Continuamos tão iguais"* que poderíamos estar nas fotos no lugar dos mestres de outras décadas. Paramos no tempo? Apenas *"um pouco mais moderninhos?"*
[...]

A humana docência (p. 66-67)

[...] Recuperar a humanidade roubada supõe ainda que nós, adultos, nos revelemos tão humanos quanto os educandos. Nosso ofício é revelar as leis da natureza, a produção do espaço, da vida, ensinar matérias... mas sobretudo revelar-nos às novas gerações, revelar a humanidade, a cultura, os significados que aprendemos e que vêm sendo aprendidos na história do desenvolvimento cultural.

Lembro-me de um professor de biologia que experimentava como tantos e tantas o desinteresse dos adolescentes para com a sua matéria. Perguntei como se saía dessa. *"Quando percebo que o desinteresse dos alunos chega ao limite, me disse, apago o quadro, fecho o livro, me sento sobre a mesa e começo a falar de minha vida, quando era adolescente, jovem, de minha relações com os filhos, adolescentes... O silêncio e a atenção voltam, eles se abrem e falam de sua adolescência, sua música, suas dúvidas e curiosidades. Dialogamos um tempo juntos sobre suas curiosidades e suas questões. Descobri que os adolescentes e jovens têm muita vontade de saber sobre a vida (não é essa a minha matéria?), mas sobretudo muita vontade de saber-se e de saber sobre mim, minhas inquietações, meus tempos de adolescência e juventude. Esperam que revele meu percurso humano".*

Dialogamos solto. Um professor profundamente humano. Aprendi, aprendemos que educar é revelar saberes, significados, mas antes de mais nada revelar-nos como docentes educadores em nossa condição humana. É nosso ofício. É nossa humana docência.

Certezas nem tão certas (p. 171-172)

Certezas múltiplas protegem nossas tranquilidades profissionais. Vêm do cotidiano. Dão a segurança necessária para repetir ano após ano nosso papel. São os deuses que protegem a escola e nos protegem. [...] Há certas crenças e valores no cotidiano de nossas práticas de que não abrimos mão. Não as questionamos nem em reuniões pedagógicas, nem sequer nos conselhos de escola. [...] Repetência, reprovação, retenção, são crenças. Durante décadas debatíamos como reduzir seus índices, nunca como acabar com elas. Seria como ter ousadia para acabar com um deus que nos protegeu por tantos anos. Acabar com um valor que trouxe paz ao nosso sono. [...]

> Quando volto da escola, depois desses encontros e reuniões, sempre penso: chegará o dia em que essas crenças serão dúvidas? Que fazer para que duvidemos dessas crenças? Para repensar esses valores tão íntimos e arraigados? O que os justifica? O que os legitimou por décadas? Como desestabilizá-los e transgredi-los para renovar a cultura escolar e profissional? Mas como mexer em crenças sem desestabilizar no mais íntimo aqueles que nelas acreditam?
>
> [...] a perda da estabilidade das velhas seguranças e certezas não aconteceu apenas no campo da educação, mas no terreno político, social, cultural, nos paradigmas teóricos e científicos. Sem dúvida, será mais tranquilo apegar-nos a velhas crenças do que abrir-nos a pensar e decidir o percurso a perfazer, as práticas a rever segundo coordenadas inseguras. Como administrar nossa identidade docente em coordenadas inseguras? Teríamos de inventar outro perfil de profissional menos seguro e nem por isso menos profissional? [...]

Questão para reflexão

1. Considere o texto apresentado a seguir. Em uma roda de conversa, procure desenvolver argumentos que fundamentem a exigência por uma educação escolar cuja centralidade seja a aprendizagem significativa voltada às expectativas dos indivíduos e suas comunidades. Qual o papel do professor nesse processo de mudança? Na opinião do grupo existiriam estratégias universais, privilegiadas, para promover tais transformações? Quais seriam?

> **Ano zero**
>
> O pior que poderia acontecer à jovem equipe da Escola da Ponte seria ter de aturar um velho professor, que tem sempre razão... Separado da Escola da Ponte pelas águas de um grande mar, longe, desenredado do cotidiano da Escola da Ponte, sou espectador atento da crise que, espero, seja de transição para algo bem melhor do que aquilo que fizemos ao longo de mais de 30 anos.

Fui ao fundo do baú, em busca de antiguidades. E encontrei anotações sobre estágios de professores, psicólogos, sociólogos. Numa carta dirigida aos professores da Escola da Ponte, uma socióloga dizia:

Nunca consegui entender algo que ainda agora, quando penso nela, me intriga. Nas reuniões de que participei, os professores diziam, cara a cara, tudo o que pensavam sobre seus pares, de modo enérgico, por vezes, rude. E, quando me parecia que a reunião iria terminar numa briga e confusão total, os professores terminavam a reunião e iam tomar chá, comer bolachas e contar anedotas.

Essa jovem socióloga talvez não tivesse compreendido algo fundamental naquela escola. Partilhar um bolinho e dois dedos de conversa com os mesmos parceiros que, há minutos, haviam criticado, é sinal de franqueza, autenticidade. Ainda que se reconheça que nem tudo foi transparência, ainda que (em algumas situações) tivéssemos colocado a máscara, fomos capazes da transcendência de que cada um foi capaz.

Talvez a maior ruptura com o modelo tradicional concretizada na Escola da Ponte tivesse sido acabar com a solidão do professor. Na Escola da Ponte, ninguém está sozinho.

A Escola da Ponte é mais uma, entre muitas escolas, que, durante o último século, ousaram defrontar o pensamento único e toda espécie de fundamentalismos pedagógicos. Foi (e continuará sendo) uma luta incessante contra a burocracia dos ministérios, a mediocridade dos políticos e de professores sem escrúpulos. Sabemos que, se o maior aliado do professor é outro professor, o maior inimigo do professor que ousa ser diferente é, também, outro professor. Porque é assim, a Escola da Ponte foi alvo de calúnias e agressões vindas de professores de escolas (geograficamente) próximas.

E porque a reelaboração da cultura pessoal e profissional é um processo lento, também foi necessário defrontar a erosão interna – os "invasores" causaram danos, por vezes, irreversíveis. Como disse o professor Lemos Pires, quando visitou a escola, a Escola da Ponte só acabará se seus professores acabarem com ela, por dentro...

A crise pela qual passa a Escola da Ponte é de natureza diferente da crise geral da escola. Na Escola da Ponte, são procurados caminhos para os descaminhos da Educação. Busca-se concretizar a escola pública. Aquela que – quer seja de iniciativa estatal quer seja de iniciativa particular – confere garantias de acesso a todos os alunos e a todos dá condições de sucesso.

Quando faz 32 anos de existência, o projeto da Escola da Ponte está no princípio. Aliás, todos os projetos estão sempre em fase inicial, sempre no seu "ano zero", no tempo de recomeçar.

Este pequeno dicionário não tem outra intenção a não ser a de lançar um aviso àqueles educadores que não desistem de fazer dos seus alunos seres mais sábios e pessoas mais felizes. É fácil conceber e começar projetos. Difícil é mantê-los, sem que se degradem.

Um projeto humano é um ato coletivo. É feito de pessoas. É feito por pessoas em aprendizagem contínua. E é da natureza humana complicar o que é simples... Subitamente, sem que se perceba o porquê, os professores ligam uns "complicadores" (que deverão estar alojados num recanto qualquer do cérebro...) e tudo se complica... Tal como no mito de Sísifo, a continuidade de um projeto dependerá da capacidade de cada um e de todos os participantes serem resilientes e de recomeçarem... do zero. Numa efetiva cooperação, na aceitação recíproca das diferenças – *omnia in unum* – e sem deixar de interrogar as evidências...

Fonte: Pacheco, 2009, p. 260-263.

Para saber mais

Os vídeos a seguir indicados ilustram situações nas quais os temas *educação, planejamento* e *transformação* se articulam. Eles podem ser utilizados tanto para sistematizar as aprendizagens promovidas pelos debates e estudos anteriores como para desencadear um bom debate, uma boa reflexão!

PRECISA-SE. Direção: Nanci Barbosa. Produção: Auris Produções. Brasil: TV dos Trabalhadores, 1994. 15 min.

O filme transita pelo universo reflexivo de um operário ameaçado de demissão devido a um processo de modernização. O trabalho, as alternativas e a demissão são foco desse processo. A história problematiza o sentido e o impacto da modernização nas vidas das pessoas. A temática da mudança, suas consequências, assim como o significado que a vida ganha nesses novos contextos nos sugerem o quanto esse mundo é historicamente criado e transformado por nós, ou por alguns de nós. Mas é história, não condicionada e, portanto, passível de novas e outras criações, contornos e possibilidades.

QUANDO tudo começa (Ça commence aujurd'hui). Direção: Bertrand Tavernier. Produção: Canal+. França: Cult Filmes, 1999. 117 min.

O filme aborda a relação tensa entre escola e comunidade em um momento de precarização e de transformação social na vida dos habitantes de dada cidade. O filme retrata a história do professor Daniel L., que leciona para crianças em uma pequena cidade cujo desemprego passa ser a tônica após a interrupção de sua atividade principal, a mineração. Se, por um lado, existe a orientação para o não envolvimento da escola com os problemas enfrentados pelas crianças e pelos seus familiares, por outro, sabe-se que essa pretensa neutralidade é impossível em contextos educativos. É uma ótima obra para discutir a função social da educação escolar, assim como seus limites e suas possibilidades em contextos de exclusão, na perspectiva da transformação para a sustentabilidade.

Considerações finais

Todo planejamento educacional, para qualquer sociedade, tem de responder às marcas e aos valores dessa sociedade. Só assim é que pode funcionar o processo educativo, ora como força estabilizadora, ora como fator de mudança. Às vezes, preservando determinadas forma de cultura. Outras, interferindo no processo histórico, instrumentalmente. De qualquer modo, para ser autêntico, é necessário ao processo educativo que se ponha em relação de organicidade com a contextura da sociedade a que se aplica. [...] A possibilidade humana de existir – forma acrescida de ser – mais do que viver, faz do homem um ser eminentemente relacional. Estando nele, pode também sair dele. Projetar-se. Discernir. Conhecer. (Freire, 1959, p. 8)

Pensar a educação de que precisamos para o nosso tempo se tornou um grande desafio. As informações e os conhecimentos que nos servem de aporte são inúmeros e, portanto, o trabalho de selecionar e organizar aquilo que pode realmente nos subsidiar nesse processo tão árduo demanda competências que antes não faziam parte do repertório formativo inicial do professor. Crítica, flexibilidade, autonomia, criatividade, por exemplo, são aspectos atualmente valorizados no perfil docente.

Nesta obra, buscamos discutir o quanto tais demandas são desdobramentos reais, consistentes, frutos de lutas pela mudança da nossa sociedade e de nossa cultura conservadora e excludente. Os avanços que vivemos são avanços no sentido da ampliação e qualificação da democracia e dos direitos humanos. Vivenciar tais mudanças no âmbito educativo implica difundir uma nova concepção de educação e de escola amplamente apoiadas no paradigma da inclusão e da gestão democrática.

Nesse contexto, práticas pedagógicas organizadas segundo a abordagem de projetos podem constituir um aspecto que atua no sentido do fortalecimento dos sujeitos e do coletivo, uma vez que propiciam a centralidade das aprendizagens, a reflexão sobre as realidades, assim como a possibilidade de transformação das realidades trabalhadas.

A função do professor diante desse novo universo ganha contornos inéditos, e a docência passa a ser entendida também como mediação, como compartilhamento, como construção e articulação de relações e de saberes.

Os planejamentos e os projetos são, sem sombra de dúvida, mais que métodos específicos, aplicáveis e adaptáveis a diferentes realidades. São, por excelência, espaços e tempos de aprendizagens e de transformação para todos os segmentos envolvidos. No momento em que essa compreensão se consolidar no âmbito da educação escolar, muitos dos desafios hoje identificados como obstáculos à construção de uma escola pública de qualidade (na qual o acesso, a permanência e a aprendizagem significativa estejam garantidos) serão superados, e uma nova realidade de possibilidades irá abrir-se. Talvez nesse momento acontecerá aquilo que estamos há tanto tempo plantando e cultivando: um outro e novo mundo possível.

Apêndices

Apêndice I – *Sites* para pesquisa

CRE – Centro de Referência em Educação Mario Covas. Disponível em: <http://www.crmariocovas.sp.gov.br/>. Acesso em: 14 abr. 2011.

Portal do Centro de Referência em Educação Mario Covas. Acesso a acervo documental sobre a educação.

DOMÍNIO PÚBLICO. Disponível em: <http://www.dominiopublico.gov.br>. Acesso em: 14 abr. 2011.

Portal de pesquisa. Acesso a obras literárias, acadêmicas e documentos diversos de interesse educativo.

IBGE – Instituto Brasileiro de Geografia e Estatística. Disponível em: <http://www.ibge.gov.br/home>. Acesso em: 14 abr. 2011.

Portal do Instituto Brasileiro de Geografia e Estatística. Acesso a dados e informações do país que atendem às necessidades dos mais diversos segmentos da sociedade civil, bem como dos órgãos das esferas governamentais federal, estadual e municipal.

_____. Países. Disponível em: <http://www.ibge.gov.br/paisesat/main.php>. Acesso em: 14 abr. 2011.

O *link* Países do *site* do IBGE permite conhecer e comparar os países reconhecidos pela ONU através de seus principais indicadores demográficos, sociais e econômicos.

INEP – Instituto Nacional de Estudos e Pesquisas Educacionais Anísio Teixeira. Disponível em: <http://inep.gov.br/>. Acesso em: 14 abr. 2011.

Portal do Instituto Nacional de Estudos e Pesquisas Educacionais Anísio Teixeira. Acesso a estudos, pesquisas e avaliações sobre o sistema educacional brasileiro.

MEC – Ministério da Educação. Disponível em: <http://portal.mec.gov.br/index.php>. Acesso em: 14 abr. 2011.

Portal do Ministério da Educação. Acesso a informações sobre a legislação e sobre as políticas públicas voltadas à educação nacional.

PORTA CURTAS PETROBRAS. Disponível em: <www.portacurtas.com.br>. Acesso em: 14 abr. 2011.

O *site* Porta Curtas Petrobras disponibiliza curtas que tratam de assuntos diversos que podem ser abordados nos espaços educativos, utilizando a linguagem midiática.

WORLDOMETERS. Disponível em: <http://www.worldometers.info>. Acesso em: 14 abr. 2011.

Site de estatísticas mundiais atualizadas em tempo real.

Apêndice II – Legislação e documentos sobre o tema

- Constituição da República Federativa do Brasil, de 5 de outubro de 1988.

- Declaração Mundial sobre Educação para Todos: Satisfação das Necessidades Básicas de Aprendizagem – aprovada pela Conferência Mundial sobre Educação para Todos, realizada em Jomtien, Tailândia, de 5 a 9 de março de 1990.

- Declaração Universal dos Direitos Humanos: Adotada e proclamada pela Resolução 217 A (III) da Assembleia Geral das Nações Unidas, em 10 de dezembro de 1948.

- Estatuto da Criança e do Adolescente: Lei nº 8.069, de 13 de julho de 1990.
- Lei de Diretrizes e Bases da Educação Nacional (LDBEN): Lei nº 9.394, de 20 de dezembro de 1996.
- Plano Nacional de Educação (PNE): Lei nº 10.172, de 9 de janeiro de 2001.

Referências

ALMEIDA, L. R. de; PLACCO, V. M. (Org.). *O coordenador pedagógico e o espaço da mudança*. 4. ed. São Paulo: Edições Loyola, 2005.

ANTUNES, A. (Org.). *Conselhos de escola*: formação para e pela participação. São Paulo: Instituto Paulo Freire, 2005.

_____. *Aceita um conselho?* Como organizar o colegiado escolar. 3. ed. São Paulo: Cortez; Instituto Paulo Freire, 2008. (Guia da Escola Cidadã, v. 8).

APPLE, M.; BEANE, J. (Org.). *Escolas democráticas*. São Paulo: Cortez, 1997.

ARROYO, M. *Ofício de mestre*: imagens e autoimagens. 5. ed. Petrópolis, Vozes, 2000.

BARÃO EM FOCO.
Intersetorialidade. Barão Geraldo, jul. 2004. Informativo 01. Região Norte. Disponível em: <http://www.baraoemfoco.com.br/barao/educacao/intersetorialidade.htm>. Acesso em: 25 mar. 2011.

BERMAN, M. *Tudo que é sólido desmancha no ar:* a aventura da modernidade. São Paulo: Companhia das Letras, 1986, p.16.

BORDIGNON, G. *Gestão da educação no município*: sistema, conselho e plano. São Paulo: Instituto Paulo Freire, 2009.

BRASIL. Constituição (1988). *Diário Oficial da União*, Brasília, DF, 5 out. 1988. Disponível em: <http://www.planalto.gov.br/ccivil_03/constituicao/constitui%C3%A7ao.htm>. Acesso em: 29 dez. 2009.

_____. Decreto n. 6.094, de 24 de abril de 2007a. *Diário Oficial da União*, Poder Executivo, Brasília, DF, 25 abr. 2007. Disponível em: <http://www.planalto.gov.br/ccivil_03_Ato2007-2010/2007/Decreto/D6094.htm>. Acesso em: 25 mar. 2011.

_____. Decreto n. 6.872, de 4 de junho de 2009. *Diário Oficial da União*, Poder Executivo, Brasília, DF, 5 jun. 2009.

Disponível em: <http://www.planalto.gov.br/ccivil_03/_Ato2007-2010/2009/Decreto/D6872.htm>. Acesso em: 25 mar. 2011.

BRASIL. Lei n. 9.394, de 20 de dezembro de 1996. *Diário Oficial da União*, Poder Legislativo, Brasília, DF, 23 dez. 1996. Disponível em: <http://www.planalto.gov.br/ccivil_03/LEIS/l9394.htm>. Acesso em: 25 mar. 2011.

_____. Lei n. 10.172, de 9 de janeiro de 2001. *Diário Oficial da União*, Poder Legislativo, Brasília, DF, 10 jan. 2001a. Disponível em: <http://www.plamalto.gov.br/ccivil_03/leis/leis_2001/10172.htm>. Acesso em: 25 mar. 2011.

BRASIL. Ministério da Educação. *Documento final da Conferência Nacional da Educação*: CONAE-2010a. Disponível em: <http://conae.mec.gov.br/images/stories/pdf/pdf/documentos/documento_final_sl.pdf>. Acesso em: 25 mar. 2011.

_____. *O Plano de Desenvolvimento da Educação*: razões, princípios e programas. Brasília: MEC, 2007a.

_____. *O Plano Nacional de Educação*: razões, princípios e programas. 2007b. Disponível em: <http://portal.mec.gov.br/arquivos/livro/livro.pdf>. Acesso em: 25 mar. 2011.

BRASIL. Ministério da Educação. *Plano Nacional da Educação*. Brasília: Inep, 2001b.

BRASIL. Ministério da Educação. Secretaria de Educação Básica. *Plano Municipal de Educação*: documento norteador para elaboração do Plano Municipal de Educação. 2005. Disponível em: <http://portal.mec.gov.br/seb/arquivos/pdf/2006/elabpne.pdf>. Acesso em: 25 mar. 2011.

BRASIL. Secretaria de Direitos Humanos da Presidência da República. *Programa Nacional de Direitos Humanos (PNDH-3)*. 2010b. Disponível em: <http://portal.mj.gov.br/sedh/pndh3/pndh3.pdf>. Acesso em: 25 mar. 2011.

BRASIL. Secretaria Especial de Políticas para as Mulheres. *II Plano Nacional de Políticas para as Mulheres*. 2008. Disponível em: <http://bvsms.saude.gov.br/bvs/publicacoes/II_PNPM.pdf>. Acesso em: 25 mar. 2011.

BRASÍLIA. Secretaria de Estado de Educação do Distrito Federal. *Gestão compartilhada*. [s.d.]. Disponível em: <http://www.se.df.gov.br/300/30001007.asp?ttCD_CHAVE=13391>. Acesso em: 30 jul. 2010.

BRUNO, E.; ALMEIDA, L.; CHRISTOV, L. (Org.). *O coordenador pedagógico e a formação docente*. 6. ed. São Paulo: Edições Loyola, 2005.

BRZEZINSKI, I. A formação e a carreira de profissionais da educação na LDB 9.394/96: possibilidades e perplexidades. In: BRZEZINSKI, I. (Org.). *LDB interpretada*: diversos olhares se entrecruzam. São Paulo: Cortez, 1997. p141-58.

_____. Embates na definição das políticas de formação de professores para atuação multidisciplinar nos anos iniciais do ensino fundamental: respeito à cidadania ou disputa pelo poder? *Educação e Sociedade*, São Paulo, ano XX, n. 68, p. 80-108, dez. 1999.

CARBONELL, J. *A aventura de inovar*: a mudança na escola. Porto Alegre: Artmed, 2002.

CHARLOT, B. *Relação com o saber, formação dos professores e globalização*: questões para a educação hoje. Porto Alegre: Artmed, 2005.

COLL, C. O currículo do ensino fundamental no despertar do século XXI. *Revista Pátio*, São Paulo, ano 10, p. 35-36, fev./abr. 2006.

DELORS, J. *Educação*: um tesouro a descobrir. Relatório para a Unesco da Comissão Internacional sobre Educação para o Século XXI. 5. ed. São Paulo: Cortez; Brasília, DF: MEC; Unesco, 2001.

FREIRE, Paulo. *Educação e atualidade brasileira*. Recife, 1959. 139 p. Tese (Concurso público para a cadeira de História e Filosofia da Educação na Escola de Belas Artes de Pernambuco) – Universidade Federal do Recife, Pernambuco, 1959.

_____. *Pedagogia da autonomia*: saberes necessários à prática educativa. 37. ed. São Paulo: Paz e Terra, 2007.

FREITAS, H. C. L. de. Formação de professores no Brasil: 10 anos de embate entre os projetos de formação. *Educação e Sociedade*, São Paulo, v. 23, n. 80 p. 137-168, set. 2002.

FUSARI, José. *Formação contínua de educadores*: um estudo de representações de coordenadores pedagógicos da Secretaria Municipal de Educação de São Paulo. São Paulo, 1997. 407 p. (Tese de Doutorado) – Faculdade de Educação de São Paulo.

GADOTTI, M. *Convocados, uma vez mais*: ruptura, continuidade e desafios do PDE. São Paulo: Instituto Paulo Freire, 2008. (Educação Cidadã).

_____. *Organização do trabalho na escola*: alguns pressupostos. São Paulo: Ática, 1993.

GADOTTI, M.; ROMÃO, J. E. (Org.). *Autonomia da escola*: princípios e propostas. 2. ed. São Paulo: Cortez, 1997.

GANDIN, D. *A prática do planejamento participativo*: na educação e em outras instituições, grupos e movimentos dos campos cultural, social, político, religioso e governamental. 8. ed. Petrópolis: Vozes, 1994.

GATTI, B. *Formação de professores e carreira*: problemas e movimentos de renovação. Campinas: Autores Associados, 1997. (Formação de Professores).

GHANEM, E. *Educação escolar e democracia no Brasil*. Belo Horizonte: Autêntica; Ação Educativa, 2004.

GUIMARÃES, A. A. et al. *O coordenador pedagógico e a educação continuada*. 8. ed. São Paulo: Edições Loyola, 2005.

HERNANDEZ, F. *Transgressão e mudança na educação*: os projetos de trabalho. Porto Alegre: Artmed, 1998.

LIZ BITTAR. Uso medíocre da internet nas escolas. *LizBittar Magazine*. São Paulo, 2008. Disponível em: <http://lizbittar.com.br/blog/liz-em--portugues/uso-mediocre-da--internet-nas-escolas>. Acesso em: 29 dez. 2009.

MANUEL, A. *O projeto educativo da escola*. Porto Alegre: Artmed, 2004.

MINTO, C. A. As leis e a formação de educadores. In: SERBINO, R. V. et al. (Org.). *Formação de professores*. São Paulo: Unesp, 1998. p. 175-84. (Seminários e Debates).

NÓS PODEMOS. Disponível em: <http://www.nospodemos.org.br/downloads>. Acesso em 25 mar. 2011.

NÓVOA, A. O professor pesquisador e reflexivo. *Salto para o futuro*, 13 set. 2001. Disponível em: <http://www.tvbrasil.org.br/saltoparaofuturo/entrevista.asp?cod_Entrevista=59>. Acesso em: 26 mar. 2011.

PACHECO, J. *Pequeno dicionário de absurdos em educação*. Porto Alegre: Artmed, 2009, p. 260-263.

PADILHA, P. R. *Planejamento dialógico*: como construir o projeto político-pedagógico da escola. 8. ed. São Paulo: Cortez; Instituto Paulo Freire, 2008. (Guia da Escola Cidadã, v. 7).

PERRENOUD, P. *10 novas competências para ensinar*. Porto Alegre: Artmed, 2000.

PIMENTA, S. G. Formação de professores: saberes da docência e identidade do professor. *Revista da Faculdade de Educação de São Paulo*, São Paulo, v. 22, n. 2, p. 72-89, jul./dez. 1996.

PLACCO, V. M.; ALMEIDA, L. R. de (Org.). *O coordenador pedagógico e o cotidiano da escola*. 3. ed. São Paulo: Edições Loyola, 2005.

PLANO Nacional de Educação: proposta da sociedade brasileira. In: II Coned – II Congresso de Educação, 2., Belo Horizonte, 9 nov. 1997. Disponível em: <http://www.adusp.org.br/arquivo/PNE/pnebra.pdf>. Acesso em: 25 mar. 2011.

REDE DA SUSTENTABILIDADE. *O que é sustentabilidade?* Disponível em: <http://www.sustentabilidade.org.br/default.asp>. Acesso em: 25 mar. 2011.

SAVIANI, D. *A nova lei da educação*: LDB – trajetória, limites e perspectivas. Campinas: Autores Associados, 2001. (Coleção Educação Contemporânea).

SILVA, T. T. *Documentos de identidade*: uma introdução às teorias do currículo. Porto Alegre: Artes Médicas; Belo Horizonte: Autêntica, 2003.

UNESCO – Organização das Nações Unidas para a Educação, a Ciência e a Cultura. *Declaração Mundial sobre a Educação para Todos*: Satisfação das Necessidades Básicas de Aprendizagem. Jomtien, 1990. Disponível em: <http://unesdoc.unesco.org/images/0008/000862/086291por.pdf>. Acesso em: 25 mar. 2011.

VALENTE, I.; ROMANO, R. *PNE*: Plano Nacional de Educação ou carta de intenção?. *Educação e Sociedade*, Campinas, v. 23, n. 80, p. 97-108, set. 2002.

VEIGA, I. P. de A. Inovações e projeto político-pedagógico: uma relação regulatória ou emancipatória? *Caderno Cedes*, Campinas, v. 23, n. 61, dez. 2003.

Sobre a autora

Marcia Cristina de Oliveira é mestre em Educação pela Universidade de Educação de São Paulo – Feusp (2003) e licenciada em Pedagogia (1996) pela mesma instituição. Especializou-se nas áreas de formação de professores e de educação de jovens e adultos e atualmente é pós-graduanda na área de políticas públicas pela Universidade Federal de Minas Gerais – UFMG.

Durante dez anos, foi docente na educação básica e em cursos de Pedagogia. Atua em organizações não governamentais há 15 anos, no campo da defesa dos direitos educacionais. Hoje, é coordenadora da educação de adultos do Instituto Paulo Freire, propondo e desenvolvendo programas e projetos voltados à alfabetização e escolarização de jovens e adultos. Também é assessora de secretarias de educação nos processos de elaboração e implementação de políticas públicas integradas e inclusivas.

Os papéis utilizados neste livro, certificados por instituições ambientais competentes, são recicláveis, provenientes de fontes renováveis e, portanto, um meio responsável e natural de informação e conhecimento.

FSC
www.fsc.org
MISTO
Papel produzido a partir de fontes responsáveis
FSC® C107644

Impressão: Gráfica Mona
Dezembro/2017